Cien

HISTORIAS BÍBLICAS

En las palabras de la Sagrada Escritura

*Basadas en la Biblia Dios habla hoy, ilustradas a todo color,
con versículos para memorizar, preguntas y notas explicativas*

Editorial
Concordia

Contenido

El Nuevo Testamento

La iglesia de Cristo (alrededor del 33 al 60 d.C.)

Prefacio

Cien histórias bíblicas presenta la palabra de Dios en forma verdadera y hermosa. Por medio de pasajes extraídos directamente de las Sagradas Escrituras, e ilustraciones a todo color, la historia de Dios y de su pueblo cobra vida en cada página, llevándonos hacia *la* historia de la gracia de Dios revelada en Jesucristo.

Hemos usado en *Cien historias bíblicas* los pasajes de la Escritura según aparecen en la versión *Dios habla hoy* de la Sociedades Bíblicas Unidas. Las historias contienen sólo lo esencial, por cuestiones de espacio. Para el texto completo, refiérase a la tabla del Contenido.

Las historias que se eligieron para este libro lo hacen adecuado para niños de 9 años en adelante. Es ideal para usar en escuelas cristianas y en las escuelas bíblicas de las iglesias. La sección "Para pensar" ayuda al lector a aplicar la historia a su situación actual como hijo de Dios.

A continuación bosquejamos la estructura del libro:

1. Cincuenta historias del Antiguo Testamento y cincuenta del Nuevo Testamento.
2. Una historia por página, y una ilustración para cada historia en la página opuesta.
3. Notas para explicar términos y conceptos difíciles.
4. Un título para cada ilustración, que remarca la verdad central de la historia.
5. La sección "Para pensar" tiene preguntas que sirven para orientar la devoción personal o familiar.
6. Las "Palabras para recordar" son versículos bíblicos que refuerzan el significado de la historia.

Esperamos que las familias cristianas y los maestros de clases bíblicas disfruten el contenido de *Cien historias bíblicas*. En un mundo que se caracteriza por no tener más tiempo para la lectura y la reflexión de la palabra de Dios, este libro hace fácil el estudio regular de los pasajes claves de la Escritura.

Oramos que Dios bendiga la lectura de este libro, confiados en que él cumplirá su promesa de que las Sagradas Escrituras "pueden instruirte y llevarte a la salvación por medio de la fe en Cristo Jesús" (2 Timoteo 3.15).

La creación: del primero al cuarto día

Génesis 1

En el comienzo de todo, Dios creó[1] el cielo y la tierra. La tierra no tenía entonces ninguna forma; todo era un mar profundo cubierto de oscuridad, y el espíritu de Dios[2] se movía sobre el agua. Entonces Dios dijo: "¡Que haya luz!" Y hubo luz. Al ver Dios que la luz era buena, la separó de la oscuridad y la llamó "día", y a la oscuridad la llamó "noche". De este modo se completó el primer día. Después Dios dijo: "Que haya una bóveda que separe las aguas, para que éstas queden separadas[3]." Y así fue. Dios hizo una bóveda que separó las aguas: una parte de ellas quedó debajo de la bóveda, y otra parte quedó arriba. A la bóveda la llamó "cielo". De este modo se completó el segundo día.

Entonces Dios dijo: "Que el agua que está debajo del cielo se junte en un solo lugar, para que aparezca lo seco." Y así fue. A la parte seca Dios la llamó "tierra", y al agua que se había juntado la llamó "mar". Al ver Dios que todo estaba bien, dijo: "Que produzca la tierra toda clase de plantas:[4] hierbas que den semilla y árboles que den fruto." Y así fue. La tierra produjo toda clase de plantas: hierbas que dan semilla y árboles que dan fruto. Y Dios vio que todo estaba bien. De este modo se completó el tercer día.

Entonces Dios dijo: "Que haya luces en la bóveda celeste, que alumbren la tierra y separen el día de la noche, y que sirvan también para señalar los días, los años y las fechas especiales." Y así fue. Dios hizo las dos luces: la grande[5] para alumbrar de día y la pequeña[6] para alumbrar de noche. También hizo las estrellas. Dios puso las luces en la bóveda celeste para alumbrar la tierra de día y de noche, y para separar la luz de la oscuridad, y vio que todo estaba bien. De este modo se completó el cuarto día.

Notas explicativas

[1]Hizo de la nada. [2]Espíritu Santo. [3]Para separar las aguas en la tierra de las aguas en la atmósfera. [4]Vegetales para comer. [5]El sol. [6]La luna.

Dijo Dios: "¡Que haya luz!"

Para pensar

1. ¿Qué nos dice la creación acerca de Dios?
2. ¿Qué evidencias de los efectos del pecado ves en el mundo natural a tu alrededor?
3. Otra forma en la que Dios mostró su poder fue al enviar a Jesús para vivir, morir y resucitar por los pecados del mundo. ¿Podemos mostrar nuestro amor por Jesús cuidando todas las cosas que él ha hecho?

Palabras para recordar

Nuestro Dios está en el cielo; él ha hecho todo lo que quiso. *Salmo 115.3*

La creación: del quinto al séptimo día

Génesis 1-2

Luego Dios dijo: "Que produzca[1] el agua toda clase de animales, y que haya también aves que vuelen sobre la tierra." Y así fue. Dios creó los grandes monstruos del mar, y todos los animales que el agua produce y que viven en ella, y todas las aves. Al ver Dios que así estaba bien, bendijo con estas palabras a los animales que había hecho: "Que tengan muchas crías y llenen los mares, y que haya muchas aves en el mundo." De este modo se completó el quinto día.

Entonces Dios dijo: "Que produzca la tierra toda clase de animales: domésticos y salvajes, y los que se arrastran por el suelo." Y así fue. Dios hizo estos animales y vio que todo estaba bien. Entonces dijo: "Ahora hagamos[2] al hombre a nuestra imagen.[3] Él tendrá poder sobre los peces, las aves, los animales domésticos y los salvajes, y sobre los que se arrastran por el suelo."

Cuando Dios creó al hombre, lo creó a su imagen; varón y mujer los creó, y les dio su bendición: "Tengan muchos, muchos hijos;[4] llenen el mundo y gobiérnenlo;[5] dominen a los peces y a las aves, y a todos los animales que se arrastran." Después les dijo: "Miren, a ustedes les doy todas las plantas de la tierra que producen semilla, y todos los árboles que dan fruto. Todo eso les servirá de alimento. Pero a los animales salvajes, a los que se arrastran por el suelo y a las aves, les doy la hierba como alimento." Así fue, y Dios vio que todo lo que había hecho estaba muy bien.

De este modo se completó el sexto día. El cielo y la tierra, y todo lo que hay en ellos, quedaron terminados.[6] El séptimo día terminó Dios lo que había hecho, y descansó.[7] Entonces bendijo el séptimo día y lo declaró día sagrado, porque en ese día descansó de todo su trabajo de creación.

Notas explicativas

[1]Que se llene. [2]Dios Trino: Padre, Hijo y Espíritu Santo. [3]Adán y Eva conocían a Dios como él deseaba que lo conocieran, y eran justos y santos, y hacían la voluntad de Dios. [4]Estos primeros padres iban a tener hijos, y por medio de ellos llegarían a ser los padres de todas las gentes del mundo. [5]Controlarlo para poder cuidarlo. [6]Abundancia y hermosura. [7]Dejó de trabajar, porque ya había completado la creación.

Dios vio que todo lo que había hecho estaba muy bien

Para pensar
1. Piensa en algunas maneras en que Dios te ha bendecido por medio de los animales que él creó.
2. La gente es lo que Dios más amó de su creación. Nos amó tanto que envió a Jesús para ser nuestro salvador y amigo. ¿Qué obra especial nos pide Dios que hagamos para honrarlo y glorificarlo?
3. ¿Cómo debemos guardar el día de reposo que Dios apartó, y así demostrar nuestro amor por él?

Palabras para recordar
Por fe sabemos que Dios creó los mundos mediante su palabra. *Hebreos 11.3*

Adán y Eva en el Paraíso

Génesis 2

Entonces Dios el Señor formó[1] al hombre[2] de la tierra misma, y sopló en su nariz y le dio vida. Así el hombre se convirtió en un ser viviente. Después Dios el Señor plantó un jardín en la región de Edén,[3] en el oriente, y puso allí al hombre que había formado. Hizo crecer también toda clase de árboles hermosos que daban fruto bueno para comer.

En medio del jardín puso también el árbol de la vida y el árbol del conocimiento del bien y del mal. En Edén nacía un río que regaba el jardín. Cuando Dios el Señor puso al hombre en el jardín de Edén para que lo cultivara y lo cuidara, le dio esta orden: "Puedes comer del fruto de todos los árboles del jardín, menos del árbol del bien y del mal. No comas del fruto de ese árbol, porque si lo comes, ciertamente morirás."

Luego, Dios el Señor dijo: "No es bueno que el hombre esté solo. Le voy a hacer alguien que sea una ayuda adecuada para él." Entonces Dios el Señor hizo caer al hombre en un sueño profundo y, mientras dormía, le sacó una de las costillas y le cerró otra vez la carne. De esa costilla Dios el Señor hizo una mujer, y se la presentó al hombre, el cual, al verla, dijo: "¡Esta sí que es de mi propia carne y de mis propios huesos! Se va a llamar 'mujer', porque Dios la sacó del hombre." Por eso el hombre deja a su padre y a su madre para unirse a su esposa, y los dos llegan a ser como una sola persona.[4]

Tanto el hombre como su mujer estaban desnudos, pero ninguno de los dos sentía vergüenza[5] de estar así.

Notas explicativas

[1]Formó el cuerpo del hombre, como una alfarero forma una vasija. Esto fue en el sexto día. [2]Adán. [3]Llamado también Paraíso. [4]Como un cuerpo, que no debía separarse. Este fue el primer matrimonio. [5]No tenían pecado, y por lo tanto tampoco tenían pensamientos malignos.

Dios los creó varón y mujer

Para pensar

1. ¿De qué forma especial hizo Dios al primer hombre?
2. Explica por qué el matrimonio es un don de Dios.
3. Dios les dio a Adán y Eva trabajo para que hicieran en el jardín. ¿Cómo podemos hacer nuestro trabajo para que muestre nuestro amor por Jesús?

Palabras para recordar

Tú fuiste quien formó todo mi cuerpo; tú me formaste en el vientre de mi madre. *Salmo 139.13*

La caída en pecado

Génesis 3

La serpiente[1] era más astuta[2] que todos los animales salvajes que Dios el Señor había creado, y le preguntó a la mujer: -¿Así que Dios les ha dicho que no coman del fruto de ningún árbol del jardín?[3] Y la mujer le contestó: -Podemos comer del fruto de cualquier árbol, menos del árbol que está en medio del jardín.[4] Dios nos ha dicho que no debemos comer ni tocar[5] el fruto de ese árbol, porque si lo hacemos, moriremos.

Pero la serpiente le dijo a la mujer: -No es cierto. No morirán. Dios sabe muy bien que cuando ustedes coman del fruto de ese árbol podrán saber lo que es bueno y lo que es malo,[6] y que entonces serán como Dios.

La mujer vio que el fruto del árbol era hermoso, y le dieron ganas de comerlo y de llegar a tener entendimiento.[7] Así que cortó uno de los frutos y se lo comió. Luego le dio a su esposo, y él también comió. En ese momento se les abrieron los ojos[8], y los dos se dieron cuenta de que estaban desnudos. Entonces cosieron hojas de higuera y se cubrieron con ellas.

El hombre y su mujer escucharon que Dios el Señor andaba por el jardín a la hora en que sopla el viento de la tarde, y corrieron a esconderse de él entre los árboles del jardín.[9]

Notas explicativas

[1]El diablo, disfrazado de serpiente. [2]Mentirosa. Satanás demostró ser mentiroso cuando le habló a la mujer negando la verdad de la palabra de Dios. [3]Para crear dudas en la mente de la mujer. [4]El árbol del conocimiento del bien y del mal. [5]La mujer no repite el mandamiento de Dios en forma exacta, una prueba que la influencia del diablo ya estaba trabajando. [6]Las palabras del diablo no son ciertas. [7]La mujer quería ser sabia como Dios. [8]Se dieron cuenta que habían pecado. [9]Tenían miedo de Dios, y de la muerte con la que Dios los había amenazado si desobedecían.

Se escondieron del Señor

Para pensar

1. ¿Qué consecuencias sufrimos nosotros como resultado del pecado de Adán y Eva?

2. ¿Cómo nos tienta hoy el diablo? ¿Cómo venció Jesús el pecado por nosotros?

3. Después que Adán y Eva pecaron, se escondieron de Dios. Porque sabemos que Jesús es nuestro Salvador, no necesitamos escondernos nunca de Dios. ¿Qué podemos hacer en cambio?

Palabras para recordar

El pago que da el pecado es la muerte, pero el don de Dios es vida eterna en unión con Cristo Jesús, nuestro Señor. *Romanos 6.23*

La promesa del Salvador

Génesis 3

Pero Dios el Señor llamó al hombre y le preguntó: -¿Dónde estás? El hombre contestó: -Escuché que andabas por el jardín y tuve miedo, porque estoy desnudo; por eso me escondí. Entonces Dios le preguntó: -¿Y quién te ha dicho que estás desnudo? ¿Acaso has comido del fruto del árbol del que te dije que no comieras?[1] El hombre contestó: -La mujer que me diste por compañera me dio de ese fruto, y yo lo comí.[2]

Entonces Dios el Señor le preguntó a la mujer: -¿Por qué lo hiciste? Y ella respondió: -La serpiente me engañó, y por eso comí del fruto. Entonces Dios el Señor dijo a la serpiente: -Por esto que has hecho, maldita serás entre todos los demás animales. De hoy en adelante caminarás arrastrándote y comerás tierra. Haré que tú y la mujer sean enemigas, lo mismo que tu descendencia y su descendencia. Su descendencia te aplastará la cabeza,[3] y tú le morderás el talón.[4] A la mujer le dijo: -Aumentaré tus dolores cuando tengas hijos, y con dolor los darás a luz. Pero tu deseo te llevará a tu marido, y él tendrá autoridad sobre ti. Al hombre le dijo: -Como le hiciste caso a tu mujer y comiste del fruto del árbol del que te dije que no comieras, ahora la tierra va a estar bajo maldición por tu culpa; con duro trabajo la harás producir tu alimento durante toda tu vida. La tierra te dará espinos y cardos, y tendrás que comer plantas silvestres. Te ganarás el pan con el sudor de tu frente, hasta que vuelvas a la misma tierra de la cual fuiste formado, pues tierra eres y en tierra te convertirás.

Dios el Señor hizo ropa de pieles de animales para que el hombre y su mujer se vistieran. El Señor sacó al hombre[5] del jardín de Edén, y lo puso a trabajar la tierra de la cual había sido formado. Después de haber sacado al hombre, puso al oriente del jardín unos seres alados y una espada ardiendo que daba vueltas hacia todos lados, para evitar que nadie llegara al árbol de la vida.[6]

Notas explicativas

[1] Dios sabe todo. [2] El hombre culpa a Dios y a la mujer por su pecado. Culpa a cualquiera, en vez de culparse a sí mismo. [3] Destruir la obra del diablo. [4] Jesús tuvo que sufrir y morir para vencer el poder del diablo. [5] Con su mujer. [6] El paraíso en la tierra fue cerrado.

Para derrotar con su muerte al que tenía poder para matar, es decir, al diablo (Hebreos 2.14)

Para pensar

1. ¿Qué consecuencias del pecado cayeron sobre Eva, Adán, y la serpiente?
2. Dios le dijo a la serpiente que el hijo de la mujer le aplastaría la cabeza. ¿Qué hizo Jesús para aplastar la cabeza del diablo?
3. ¿Qué significa para ti que Jesús haya vencido el poder del diablo?

Palabras para recordar

Por la desobediencia de un solo hombre, muchos fueron hechos pecadores; pero, de la misma manera, por la obediencia de un solo hombre, muchos quedarán libres de culpa. *Romanos 5.19*

Caín y Abel

Génesis 4

El hombre se unió con su esposa Eva. Ella quedó embarazada y dio a luz a su hijo Caín, y dijo: "Ya tengo un hijo varón. El Señor me lo ha dado." Después dio a luz a Abel, hermano de Caín. Abel se dedicó a criar ovejas,[1] y Caín se dedicó a cultivar la tierra.[2]

Pasó el tiempo, y un día Caín llevó al Señor una ofrenda del producto de su cosecha. También Abel llevó al Señor las primeras y mejores crías de sus ovejas. El Señor miró con agrado a Abel y a su ofrenda,[3] pero no miró así a Caín ni a su ofrenda, por lo que Caín se enojó muchísimo y puso muy mala cara. Entonces el Señor le dijo: "¿Por qué te enojas y pones tan mala cara? Si hicieras lo bueno, podrías levantar la cara; pero como no lo haces, el pecado está esperando el momento de dominarte. Sin embargo, tú puedes dominarlo a él."

Un día, Caín invitó a su hermano Abel a dar un paseo, y cuando los dos estaban ya en el campo, Caín atacó a su hermano Abel y lo mató. Entonces el Señor le preguntó a Caín: -¿Dónde está tu hermano Abel? Y Caín contestó: -No lo sé. ¿Acaso es mi obligación cuidar de él? El Señor le dijo: -¿Por qué has hecho esto? La sangre de tu hermano, que has derramado en la tierra, me pide a gritos que yo haga justicia. Por eso, quedarás maldito y expulsado de la tierra que se ha bebido la sangre de tu hermano, a quien tú mataste. Aunque trabajes la tierra, no volverá a darte sus frutos. Andarás vagando por el mundo, sin poder descansar jamás.

Entonces Caín respondió al Señor: -Yo no puedo soportar un castigo tan grande. Hoy me has echado fuera de esta tierra, y tendré que vagar[4] por el mundo lejos de tu presencia, sin poder descansar jamás. Y así, cualquiera que me encuentre me matará. Entonces el Señor le puso una señal a Caín, para que el que lo encontrara no lo matara.

Notas explicativas
[1]Pastor. [2]Granjero. [3]Le gustó. [4]Que va de un lugar a otro.

El Señor miró con agrado a Abel y su ofrenda

Para pensar

1. ¿Por qué crees que Dios le dijo a Caín: "el pecado está esperando el momento de dominarte"?
2. ¿Cómo mostró Dios su gracia a Caín? ¿Cómo nos muestra su gracia a nosotros?
3. ¿Cómo podemos mostrar nuestro amor y nuestra confianza en Jesús cuando tenemos trato con nuestros hermanos, y amigos, y aun con desconocidos?

Palabras para recordar

Conocemos lo que es el amor porque Jesucristo dio su vida por nosotros; así también, nosotros debemos dar la vida por nuestros hermanos. *1 Juan 3.16*

19

De Adán a Noé

Génesis 5

Adán tenía ciento treinta años cuando nació su hijo, al que llamó Set, y que era semejante[1] a él en todo. Después de esto, Adán vivió ochocientos años más, y tuvo otros hijos e hijas; así que vivió novecientos treinta años en total. A esa edad murió.[2]

Set tenía ciento cinco años cuando nació su hijo Enós. Set tuvo otros hijos e hijas y vivió novecientos doce años en total. Desde entonces se comenzó a invocar el nombre del Señor.[3]

Enós tenía noventa años cuando nació su hijo Cainán. Enós tuvo otros hijos e hijas y vivió novecientos cinco años en total.

Cainán tenía setenta años cuando nació su hijo Mahalalel. Cainán tuvo otros hijos e hijas y vivió novecientos diez años en total.

Mahalalel tenía sesenta y cinco años cuando nació su hijo Jéred. Mahalalel tuvo otros hijos e hijas y vivió ochocientos noventa y cinco años en total.

Jéred tenía ciento sesenta y dos años cuando nació su hijo Enoc. Jéred tuvo otros hijos e hijas y vivió novecientos sesenta y dos años en total.

Enoc tenía sesenta y cinco años de edad cuando nació su hijo Matusalén. Enoc vivió de acuerdo con la voluntad de Dios. Después que Matusalén nació, Enoc tuvo otros hijos e hijas y vivió trescientos sesenta y cinco años en total. Como Enoc vivió de acuerdo con la voluntad de Dios, un día desapareció[4] porque Dios se lo llevó.

Matusalén tenía ciento ochenta y siete años cuando nació su hijo Lámec. Matusalén tuvo otros hijos e hijas y vivió novecientos sesenta y nueve años en total.

Lámec tenía ciento ochenta y dos años cuando nació un hijo suyo, al que llamó Noé, porque dijo: "El Señor maldijo la tierra, y tenemos que trabajar muy duro para cultivarla; pero este niño nos hará descansar." Lámec tuvo otros hijos e hijas y vivió setecientos setenta y siete años en total. Noé tenía ya quinientos años cuando nacieron sus hijos Sem, Cam y Jafet.

Notas explicativas

[1]Pecador, como Adán, no semejante a Dios. [2]Como Dios había predicho. De la misma manera todos los que le siguen, morirán. [3]Comienzo de la adoración pública. [4]No se lo vio más. Fue llevado a la presencia de Dios sin experimentar la muerte.

Invocaron el nombre del Señor

Para pensar

1. Invocar el nombre del Señor es una referencia a una adoración pública. ¿Cuándo comenzó la adoración pública?
2. ¿Por qué es un privilegio "invocar el nombre del Señor" en la adoración pública?
3. Enoc fue al cielo sin haber muerto. La Biblia dice que "Enoc vivió de acuerdo con la voluntad de Dios". Por causa de Jesús no tenemos necesidad de tener miedo a la muerte. Explica.

Palabras para recordar

Todos los que invoquen el nombre del Señor lograrán salvarse de la muerte. *Joel 2.32*

El diluvio

Génesis 6-9

Cuando los hombres comenzaron a poblar la tierra el Señor vio que era demasiada la maldad del hombre, y le pesó haber hecho al hombre. Con mucho dolor dijo: "Voy a borrar de la tierra al hombre que he creado, y también a todos los animales domésticos, y a los que se arrastran, y a las aves. ¡Me pesa haberlos hecho!" Sin embargo, el Señor miraba a Noé con buenos ojos.

Noé era un hombre muy bueno, que siempre obedecía a Dios. Al ver Dios que había tanta maldad en la tierra, le dijo a Noé: "He decidido terminar con toda la gente. Por su culpa hay mucha violencia en el mundo. Construye un arca.[1] Yo voy a mandar un diluvio que inundará la tierra y destruirá todo lo que tiene vida en todas partes del mundo. Pero contigo estableceré mi alianza,[2] y en el arca entrarán tus hijos, tu esposa, tus nueras y tú. También llevarás al arca un macho y una hembra de todos los animales que hay en el mundo, para que queden con vida igual que tú." Y Noé hizo todo tal como Dios se lo había ordenado, y después el Señor cerró la puerta del arca.

El diluvio duró cuarenta días. Al subir el agua, el arca se levantó del suelo y comenzó a flotar. El agua seguía subiendo más y más, pero el arca seguía flotando. Tanto subió el agua, que después de haber cubierto las montañas, subió todavía como siete metros más. Todo lo que había en tierra firme, y que tenía vida y podía respirar, murió. La tierra quedó inundada durante ciento cincuenta días. Entonces Dios se acordó de Noé e hizo que el viento soplara sobre la tierra, y el agua comenzó a bajar, y el arca se detuvo sobre las montañas de Ararat. Entonces Dios le dijo a Noé: "Sal del arca." Entonces Noé y su esposa, y sus hijos y nueras, salieron del arca. También salieron todos los animales domésticos y salvajes, los que se arrastran y los que vuelan.

Luego Noé construyó un altar en honor del Señor, tomó animales y aves puros y los ofreció en holocausto. Dios bendijo a Noé y a sus hijos, con estas palabras: "Tengan muchos hijos y llenen la tierra. Yo voy a establecer mi alianza con ustedes y con sus descendientes. Ya no volverá a haber otro diluvio que destruya la tierra. Esta es la señal de la alianza que para siempre hago con ustedes y con todos los animales: he puesto mi arco iris en las nubes, y servirá como señal de la alianza que hago con la tierra."

Notas explicativas

[1]Barca. [2]Un pacto solemne, a menudo confirmado con una señal.

He puesto mi arco iris en las nubes, y servirá como señal
de la alianza que hago con la tierra

Para pensar

1. ¿Qué nos recuerda el diluvio con respecto a la actitud de Dios hacia el pecado?
2. El arco iris nos recuerda que Dios cumple su promesa. ¿Qué promesa se cumplió cuando Jesús vino al mundo a vivir, morir y resucitar?
3. ¿Cómo simboliza el arca de Noé la iglesia?

Palabras para recordar

El bautismo no consiste en limpiar el cuerpo, sino en pedirle a Dios una conciencia limpia, y nos salva por la resurrección de Jesucristo. *1 Pedro 3.21*

La torre de Babel[1]

Génesis 11

Los hijos de Noé, según sus diferentes líneas de descendientes y sus territorios, después del diluvio, se esparcieron por todas partes y formaron las naciones del mundo.

En aquel tiempo todo el mundo hablaba el mismo idioma.[2] Cuando salieron de la región oriental, encontraron una llanura en la región de Sinar y allí se quedaron a vivir.

Un día se dijeron unos a otros: "Vamos a hacer ladrillos y a cocerlos[3] en el fuego." Así, usaron ladrillos en lugar de piedras y asfalto natural en lugar de mezcla.

Después dijeron: "Vengan, vamos a construir una ciudad y una torre que llegue hasta el cielo. De este modo nos haremos famosos[4] y no tendremos que dispersarnos por toda la tierra."

Pero el Señor bajó a ver la ciudad y la torre que los hombres estaban construyendo, y pensó: "Ellos son un solo pueblo y hablan un solo idioma; por eso han comenzado este trabajo, y ahora por nada del mundo van a dejar de hacerlo. Es mejor que bajemos a confundir su idioma, para que no se entiendan entre ellos."[5]

Así fue como el Señor los dispersó por toda la tierra, y ellos dejaron de construir la ciudad. En ese lugar el Señor confundió el idioma de todos los habitantes de la tierra, y de allí los dispersó por todo el mundo. Por eso la ciudad se llamó Babel.

Notas explicativas

[1]Significa confusión. [2]Con un solo idioma, todo el mundo se podía hablar y entender. [3]Calentaban los ladrillos hechos de arcilla hasta que quedaban duros como piedras. [4]Eran orgullosos y querían honor y fama. [5]Sin un idioma en común, fue imposible unificar esfuerzos.

Vengan, vamos a construir una ciudad... de este modo nos haremos famosos

Para pensar

1. ¿Por qué quería la gente construir una torre?
2. ¿Cómo surgieron los diferentes idiomas en el mundo?
3. Dios se enojó con la gente porque se querían hacer famosos por sus propios medios. ¿Qué nombre nos dio Dios a nosotros por la obra suya?

Palabras para recordar

Actuó con todo su poder: deshizo los planes de los orgullosos. *Lucas 1.51*

El llamado de Abram[1]

Génesis 12, 13, 15, 17

Un día el Señor le dijo a Abram: "Deja tu tierra, tus parientes y la casa de tu padre, para ir a la tierra que yo te voy a mostrar. Con tus descendientes voy a formar una gran nación; voy a bendecirte y hacerte famoso, y serás una bendición para otros. Bendeciré a los que te bendigan y maldeciré a los que te maldigan; por medio de ti bendeciré a todas las familias del mundo."[2] Abram salió de Harán tal como el Señor se lo había ordenado. Con él se llevó a su esposa Sarai y a su sobrino Lot.

Cuando llegaron a Canaán, el Señor se le apareció y le dijo: "Esta tierra se la voy a dar a tu descendencia."[3] En ese lugar Abram construyó un altar e invocó el nombre del Señor.[4] Lot, al igual que su tío Abram, tenía muchas ovejas y vacas, y gente que acampaba con él; pero el lugar donde estaban no bastaba para alimentar a tantos animales.

Abram y Lot se separaron. Abram se quedó en Canaán, y Lot se fue a vivir a las ciudades del valle, cerca de la ciudad de Sodoma, donde toda la gente era muy mala y cometía horribles pecados contra el Señor. Después de esto, el Señor le habló a Abram en una visión y le dijo: -No tengas miedo, Abram, porque yo soy tu protector. Tu recompensa va a ser muy grande.[5] Pero Abram le contestó: -Señor y Dios, ¿de qué me sirve que me des recompensa, si tú bien sabes que no tengo hijos? Entonces el Señor llevó a Abram afuera, y le dijo: -Mira bien el cielo, y cuenta las estrellas, si es que puedes contarlas. Pues bien, así será el número de tus descendientes. Abram creyó al Señor, y por eso el Señor lo aceptó como justo.[6]

Cuando Abram tenía noventa y nueve años, el Señor se le apareció y le dijo: -Yo soy el Dios todopoderoso; vive una vida sin tacha delante de mí,[7] y ya no vas a llamarte Abram. Desde ahora te llamarás Abraham, porque te voy a hacer padre de muchas naciones. La alianza que hago contigo, y que haré con todos tus descendientes en el futuro, es que yo seré siempre tu Dios y el Dios de ellos.

Notas explicativas

[1]Un descendiente de Sem. [2]En el Salvador. [3]Hijos e hijos de los hijos. [4]Adoró al Señor con su familia y sus amigos. [5]Teniendo a Dios, Abram lo tenía todo. [6]Abram conocía a Dios como su Salvador. Dios perdonó sus pecados, por lo tanto él era justo y santo delante de Dios. [7]Llevar una vida santa.

Mira bien el cielo, y cuenta las estrellas …así será el número de tus descendientes

Para pensar

1. ¿Cómo demostró Abraham que amaba a Dios por la forma en que trató a Lot?
2. Cuando Dios le dijo a Abraham que toda la gente sería bendecida a través de él, Dios se estaba refiriendo a Jesús, que descendería de Abraham. ¿Cómo es bendecida la gente a través de Jesús?
3. ¿Cómo puedes bendecir a otros porque conoces a Jesús como tu salvador?

Palabras para recordar

Por fe, Abraham, cuando Dios lo llamó, obedeció y salió para ir al lugar que él le iba a dar como herencia. Salió de su tierra sin saber a dónde iba. *Hebreos 11.8*

La promesa de Isaac

Génesis 18

El Señor se le apareció a Abraham en el bosque de encinas de Mamré, mientras Abraham estaba sentado a la entrada de su tienda de campaña, como a mediodía. Abraham levantó la vista y vio que tres hombres[1] estaban de pie frente a él. Al verlos, se levantó rápidamente a recibirlos, se inclinó hasta tocar el suelo con la frente, y dijo: -Mi señor, por favor le suplico que no se vaya en seguida. Si a usted le parece bien, voy a pedir un poco de agua para que se laven los pies y luego descansen un rato bajo la sombra del árbol. Ya que han pasado por donde vive este servidor suyo, les voy a traer algo de comer para que repongan sus fuerzas antes de seguir su camino.

-Bueno, está bien -contestaron ellos. Abraham entró en su tienda de campaña y le dijo a Sara: -¡Rápido! Toma unos veinte kilos de la mejor harina y haz unos panes. Luego Abraham corrió a donde estaba el ganado, escogió el mejor de los becerros, y se lo dio a uno de sus sirvientes, quien lo preparó inmediatamente para la comida. Además del becerro, Abraham les ofreció cuajada y leche, y estuvo atento a servirles mientras ellos comían debajo del árbol.

Al terminar de comer, los visitantes le preguntaron a Abraham: -¿Dónde está tu esposa Sara? -Allí, en la tienda de campaña -respondió él. Entonces uno de ellos dijo: -El año próximo volveré a visitarte, y para entonces tu esposa Sara tendrá un hijo. Mientras tanto, Sara estaba escuchando toda la conversación a espaldas de Abraham, a la entrada de la tienda. Abraham y Sara ya eran muy ancianos, y Sara había dejado de tener sus periodos de menstruación. Por eso Sara no pudo aguantar la risa, y pensó: "¿Cómo voy a tener este gusto, ahora que mi esposo y yo estamos tan viejos?" Pero el Señor le dijo a Abraham: -¿Por qué se ríe Sara? ¿No cree que puede tener un hijo a pesar de su edad? ¿Hay acaso algo tan difícil que el Señor no pueda hacerlo? El año próximo volveré a visitarte, y para entonces Sara tendrá un hijo.

Al escuchar esto, Sara tuvo miedo y quiso negar. Por eso dijo: -Yo no me estaba riendo. Pero el Señor le contestó: -Yo sé que te reíste.

Notas explicativas
[1] El Señor y dos ángeles

Sara tendrá un hijo

Para pensar

1. ¿Quiénes son los visitantes de Abraham? ¿Por qué se rió Sara de su mensaje?
2. Abraham compartió una comida especial con el Señor y los ángeles. ¿Qué comida especial comparte el pueblo de Dios en el culto de adoración? ¿Qué hace que esta comida sea tan especial?
3. ¿Hay algo muy difícil para el Señor? ¿Por qué sí o por qué no?

Palabras para recordar

"Dios no es como los mortales: no miente ni cambia de opinión. Cuando él dice una cosa, la realiza. Cuando hace una promesa, la cumple." *Números 23.19*

Sodoma y Gomorra

Génesis 19

Empezaba a anochecer cuando los dos ángeles[1] llegaron a Sodoma. Lot estaba sentado a la entrada de la ciudad. Cuando los vio les dijo: -Señores, por favor les ruego que acepten pasar la noche en la casa de su servidor.

Todavía no se habían acostado, cuando todos los hombres de la ciudad de Sodoma rodearon la casa y, desde el más joven hasta el más viejo, empezaron a gritarle a Lot: -¿Dónde están los hombres que vinieron a tu casa esta noche? ¡Sácalos! ¡Queremos acostarnos con ellos!

Entonces Lot salió a hablarles y, cerrando bien la puerta detrás de él, les dijo: -Por favor, amigos míos, no vayan a hacer una cosa tan perversa.

Pero ellos le contestaron: -¡Hazte a un lado! Solo faltaba que un extranjero como tú nos quisiera mandar. ¡Pues ahora te vamos a tratar peor que a ellos! En seguida comenzaron a maltratar a Lot y se acercaron a la puerta para echarla abajo, pero los visitantes[2] de Lot alargaron la mano y lo metieron dentro de la casa; luego cerraron la puerta, e hicieron quedar ciegos a los hombres que estaban afuera. Entonces los visitantes le dijeron a Lot: -¿Tienes más familiares aquí? Sácalos y llévatelos lejos de aquí, porque vamos a destruir este lugar. Ya son muchas las quejas que el Señor ha tenido contra la gente de esta ciudad, y por eso nos ha enviado a destruirla. Entonces Lot fue a ver a sus yernos, o sea, a los prometidos de sus hijas, y les dijo: -¡Levántense y váyanse de aquí, porque el Señor va a destruir esta ciudad! Pero sus yernos no tomaron en serio lo que Lot les decía.

Como ya estaba amaneciendo, los ángeles le dijeron a Lot: -¡De prisa! Levántate y llévate de aquí a tu esposa y a tus dos hijas, si no quieres morir cuando castiguemos a la ciudad. Cuando ya estaban fuera de la ciudad, uno de los ángeles dijo: -¡Corre, ponte a salvo! No mires hacia atrás, ni te detengas para nada en el valle.

El Señor hizo llover fuego y azufre sobre Sodoma y Gomorra; las destruyó junto con todos los que vivían en ellas, y acabó con todo lo que crecía en aquel valle. Pero la mujer de Lot, que venía siguiéndole, miró hacia atrás y allí mismo quedó convertida en una estatua de sal.

Notas explicativas

[1]Los mismos que visitaron a Abraham. [2]Los ángeles.

El Señor hizo llover fuego y azufre

Para pensar

1. Aún cuando destruía las malvadas ciudades de Sodoma y Gomora, Dios estaba obrando salvación para su gente. Explica.
2. ¿Cómo te protege Dios del mal?
3. La destrucción de Sodoma y Gomorra nos recuerda de la destrucción final que vendrá sobre todos los malvados. ¿Por qué todos los que confían en Jesús como su Salvador pueden mirar hacia el futuro con confianza?

Palabras para recordar

El Señor me librará de todo mal y me preservará para su reino celestial. A él sea la gloria por los siglos de los siglos. Amén. *2 Timoteo 4.18 NVI*

31

Dios prueba a Abraham

Génesis 21-22

El Señor prestó atención a Sara y cumplió lo que le había dicho, así que ella quedó embarazada y le dio un hijo a Abraham cuando él ya era muy anciano. El nombre que Abraham le puso al hijo que Sara le dio, fue Isaac; y lo circuncidó a los ocho días de nacido.

Después de algún tiempo, Dios puso a prueba la fe de Abraham. Le dijo: -Toma a Isaac, tu único hijo, al que tanto amas, y vete a la tierra de Moria. Una vez allá, ofrécelo en holocausto sobre el cerro que yo te señalaré.

Al día siguiente, muy temprano, Abraham se fue al lugar que Dios le había dicho, junto con su hijo Isaac. Al tercer día, Abraham alcanzó a ver el lugar desde lejos. Abraham tomó la leña para el holocausto y la puso sobre los hombros de Isaac; luego tomó el cuchillo y el fuego,[1] y se fueron los dos juntos. Poco después Isaac le dijo a Abraham: -¡Padre! Tenemos la leña y el fuego, pero ¿dónde está el cordero para el holocausto? -Dios se encargará de que haya un cordero para el holocausto, hijito -respondió su padre.

Cuando llegaron al lugar que Dios le había dicho, Abraham construyó un altar y preparó la leña; luego ató a su hijo Isaac y lo puso en el altar, sobre la leña; pero en el momento de tomar el cuchillo para sacrificar a su hijo, el ángel del Señor lo llamó desde el cielo: -¡Abraham! ¡Abraham! -No le hagas ningún daño al muchacho, porque ya sé que tienes temor de Dios, pues no te negaste a darme tu único hijo. Abraham se fijó, y vio un carnero que estaba enredado por los cuernos entre las ramas de un arbusto; entonces fue, tomó el carnero y lo ofreció en holocausto, en lugar de su hijo.

Después Abraham le puso este nombre a aquel lugar: "El Señor da lo necesario." Por eso todavía se dice: "En el cerro, el Señor da lo necesario." El ángel del Señor llamó a Abraham desde el cielo por segunda vez, y le dijo: -El Señor ha dicho: 'Puesto que has hecho esto y no me has negado a tu único hijo, juro por mí mismo que te bendeciré mucho. Haré que tu descendencia sea tan numerosa como las estrellas del cielo y como la arena que hay a la orilla del mar. Además, ellos siempre vencerán a sus enemigos, y todas las naciones del mundo serán bendecidas por medio de ellos, porque me has obedecido.'

Notas explicativas

[1]Llevaba brasas encendidas en un recipiente.

Ya sé que tienes temor de Dios

Para pensar

1. ¿Qué mostró Abraham acerca de su amor por Dios cuando se dispuso a sacrificar a Isaac?
2. ¿Qué otro Padre dispuso dar a su Hijo para que entregara su vida como un sacrificio? ¿Qué significa ese sacrificio para ti?
3. ¿Qué significa para ti temer, amar y confiar en Dios sobre todas las cosas?

Palabras para recordar

Dios no nos negó ni a su propio Hijo, sino que lo entregó a la muerte por todos nosotros, ¿cómo no habrá de darnos también, junto con su Hijo, todas las cosas? *Romanos 8.32*

Isaac y su familia

Génesis 25, 27

Isaac tenía cuarenta años cuando se casó con Rebeca. Llegó al fin el día en que Rebeca tenía que dar a luz, y tuvo mellizos. El primero que nació era pelirrojo, todo cubierto de vello, y lo llamaron Esaú. Luego nació su hermano, y lo llamaron Jacob. Isaac quería más a Esaú, pero Rebeca prefería a Jacob. Isaac tenía sesenta años cuando Rebeca los dio a luz.

Isaac estaba ya muy viejo, y se había quedado ciego. Un día llamó a Esaú, su hijo mayor, y le dijo: Prepara un guisado sabroso, como a mí me gusta, y tráelo para que yo lo coma. Entonces te daré mi bendición antes de morir. Pero Rebeca estaba oyendo lo que Isaac le decía a Esaú. Por eso dijo a Jacob: -Ve a donde está el rebaño, y tráeme dos de los mejores cabritos; voy a prepararle a tu padre un guisado sabroso. Tú se lo vas a llevar para que lo coma, y así te dará su bendición.[1]

Jacob fue por los cabritos y se los trajo a su madre. Ella preparó entonces un guisado sabroso, sacó la mejor ropa de Esaú y se la puso a Jacob. Luego, con la piel de los cabritos, le cubrió a Jacob los brazos y la parte del cuello donde no tenía pelo. Entonces Jacob entró donde estaba su padre, y le dijo: -¡Padre! -Aquí estoy. ¿Cuál de mis hijos eres tú? -preguntó Isaac. -Soy Esaú. Levántate, por favor; siéntate y come del animal que he cazado, y dame tu bendición. Acércate y déjame tocarte, a ver si de veras eres mi hijo Esaú. Jacob se acercó para que su padre lo tocara. Entonces Isaac dijo: "La voz es la de Jacob, pero los brazos son los de Esaú." Así que no lo reconoció, porque sus brazos tenían mucho pelo, como los de su hermano Esaú. Pero cuando iba a darle su bendición, volvió a preguntarle: -¿De veras eres mi hijo Esaú? -Sí, yo soy Esaú -respondió Jacob. Entonces su padre le dijo: -Acércate, hijo, y dame un beso.

Cuando Jacob se acercó para besarlo, Isaac le olió la ropa. Entonces lo bendijo con estas palabras: "Que Dios te dé la lluvia del cielo, las mejores cosechas de la tierra... Que mucha gente te sirva; que las naciones se arrodillen delante de ti. Gobierna a tus propios hermanos. Los que te maldigan serán malditos, y los que te bendigan serán benditos."

Notas explicativas
[1] Ella sabía que Jacob debía recibir la bendición.

Isaac salió a meditar

Para pensar

1. ¿Por qué las acciones de Rebeca y de Jacob estaban mal?
2. ¿Qué significan para nosotros la muerte y resurrección de Jesús cuando nos sentimos mal por nuestras propias mentiras y actos deshonestos?
3. Como hijos de Dios, también recibimos una bendición de nuestro Padre. ¿Qué bendición recibimos de él? ¿Cómo la recibimos?

Palabras para recordar

Por fe, Isaac prometió bendiciones futuras a Jacob y a Esaú. *Hebreos 11.20*

La escalera de Jacob

Génesis 27-28

Había terminado Isaac de bendecir a Jacob, y apenas salía Jacob de donde estaba su padre, cuando Esaú regresó de cazar. Isaac le preguntó: -¿Quién eres tú? -Soy Esaú, tu hijo mayor[1] -contestó. Isaac se quedó muy sorprendido, y con voz temblorosa dijo: -Ya vino tu hermano, y me engañó, y se llevó la bendición que era para ti. Yo le he dado a Jacob autoridad[2] sobre ti. Desde entonces Esaú odió a Jacob por la bendición que le había dado su padre, y pensaba: "mataré a mi hermano Jacob." Cuando Rebeca supo lo que Esaú estaba planeando, mandó llamar a Jacob y le dijo: huye en seguida a Harán, a casa de mi hermano Labán. Isaac llamó a Jacob y lo bendijo: Que el Dios todopoderoso te bendiga. Que te dé a ti la bendición que le prometió a Abraham.

Jacob salió de Beerseba y tomó el camino de Harán. Llegó a cierto lugar y allí se quedó a pasar la noche. Tomó como almohada una de las piedras que había en el lugar, y se acostó a dormir. Allí tuvo un sueño, en el que veía una escalera que estaba apoyada en la tierra y llegaba hasta el cielo, y por la cual los ángeles de Dios subían y bajaban. También veía que el Señor estaba de pie junto a él, y que le decía: "Yo soy el Señor, el Dios de tu abuelo Abraham y de tu padre Isaac. A ti y a tus descendientes les daré la tierra en donde estás acostado.

Cuando Jacob despertó de su sueño, pensó: "Este lugar es muy sagrado[3]. Aquí está la casa de Dios; ¡es la puerta del cielo!" Jacob tomó la piedra que había usado como almohada, la puso de pie como un pilar, y la consagró derramando aceite sobre ella. En ese lugar había antes una ciudad que se llamaba Luz, pero Jacob le cambió el nombre y le puso Betel. Allí Jacob hizo esta promesa: "Si Dios me acompaña y me cuida, y si regreso sano y salvo a la casa de mi padre, entonces el Señor será mi Dios. Esta piedra que he puesto como pilar, será casa de Dios."

Notas explicativas

[1]Esaú había vendido previamente sus derechos de hijo mayor, a los que no le había dado mucha importancia. [2]Los descendientes de Esaú vivirían en necesidad, vencerían a otras naciones, pero servirían a los descendientes de Jacob. [3]La presencia de Dios llenó a Jacob de temor y reverencia.

Si Dios me acompaña y me cuida...

Para pensar

1. Un pecado a menudo lleva a otro. Jacob le quitó la bendición a Esaú engañosamente. ¿Cómo respondió Esaú?
2. ¿Por qué crees que Dios le hizo soñar con una escalera con ángeles que subían y bajaban?
3. Jesús es el Hijo de Dios y el Hijo del hombre, sobre quien los ángeles suben y bajan.

Palabras para recordar

"Les aseguro que ustedes verán el cielo abierto, y a los ángeles de Dios subir y bajar sobre el Hijo del hombre." *Juan 1.51*

La familia de Jacob

Génesis 29, 31, 37

Jacob le sirvió a Labán durante catorce años por sus hijas Lea y Rebeca; después le sirvió otros seis años por el ganado. Jacob se hizo muy rico. Entonces el Señor le dijo a Jacob: "Regresa a la tierra de tus padres, donde están tus parientes, y yo te acompañaré." Jacob hizo montar a sus hijos y a sus mujeres en los camellos, tomó todo lo que tenía, y se puso en camino.

Los hijos de Jacob fueron doce. Los que tuvo con Lea fueron Rubén, su hijo mayor; Simeón, Leví, Judá, Isacar y Zabulón. Los que tuvo con Raquel fueron José y Benjamín. Los que tuvo con Bilhá, la esclava de Raquel, fueron Dan y Neftalí; y los que tuvo con Zilpá, la esclava de Lea, fueron Gad y Aser. Estos fueron los hijos de Jacob, que nacieron en Padán-aram. Cuando José era un muchacho de diecisiete años, cuidaba las ovejas junto con sus hermanos, los hijos de Bilhá y de Zilpá, que eran las concubinas de su padre. Y José llevaba a su padre quejas de la mala conducta de sus hermanos. Israel[1] quería a José más que a sus otros hijos, porque había nacido cuando él ya era viejo. Por eso le hizo una túnica muy elegante.[2] Pero al darse cuenta sus hermanos de que su padre lo quería más que a todos ellos, llegaron a odiarlo y ni siquiera lo saludaban.

Una vez José tuvo un sueño, y se lo contó a sus hermanos; pero ellos lo odiaron más todavía, porque les dijo: -Escuchen, voy a contarles el sueño que tuve. Soñé que todos nosotros estábamos en el campo, haciendo manojos de trigo; de pronto, mi manojo se levantó y quedó derecho, pero los manojos de ustedes se pusieron alrededor del mío y le hicieron reverencias. Entonces sus hermanos contestaron: -¿Quieres decir que tú vas a ser nuestro rey, y que nos vas a dominar? Y lo odiaron todavía más por sus sueños y por la forma en que los contaba. Después José tuvo otro sueño, que también les contó a sus hermanos. Les dijo: -¿Saben que tuve otro sueño, en el que veía que el sol, la luna y once estrellas me hacían reverencias? Cuando José contó este sueño a su padre y a sus hermanos, su padre le reprendió y le dijo: -¿Qué quieres decir con este sueño que tuviste? ¿Acaso tu madre, tus hermanos y yo tendremos que hacerte reverencias? Y sus hermanos le tenían envidia, pero su padre pensaba mucho en este asunto.

Notas explicativas

[1]Jacob. [2]De muchos colores

José tuvo un sueño, y se los contó a sus hermanos

Para pensar

1. ¿Cómo era considerado José por su Padre? por sus hermanos? ¿Por qué lo consideraban así?

2. ¿Qué relaciones te preocupan a ti? ¿Qué significan para ti la vida, muerte y resurrección de Jesús cuando piensas en esas relaciones?

3. Así como José era el hijo favorito de Jacob, así nosotros somos favorecidos ante los ojos de Dios. Dios nos da también un "túnica muy elegante" (ver el versículo en "Palabras para recordar"). ¿Qué significa esto?

Palabras para recordar

Me deleito mucho en el SEÑOR; me regocijo en mi Dios. Porque él me vistió con ropas de salvación y me cubrió con el manto de la justicia. *Isaías 61.10 NVI*

José y sus hermanos

Génesis 37

Un día los hermanos de José fueron a Siquem, buscando pastos para las ovejas de su padre. Entonces Israel le dijo a José: -Mira, tus hermanos están en Siquem cuidando las ovejas. Ve y fíjate cómo están tus hermanos y las ovejas, y regresa luego a traerme la noticia. José fue en busca de sus hermanos y los encontró en Dotán. Ellos lo vieron venir a lo lejos, y antes de que se acercara hicieron planes para matarlo. Se dijeron unos a otros: -¡Miren, ahí viene el de los sueños! Vengan, vamos a matarlo; luego lo echaremos a un pozo y diremos que un animal salvaje se lo comió. ¡Y vamos a ver qué pasa con sus sueños! Cuando Rubén oyó esto, quiso librarlo de sus hermanos, y dijo: -No lo matemos. No derramen sangre. Échenlo a este pozo que está en el desierto, pero no le pongan la mano encima.

Cuando José llegó a donde estaban sus hermanos, ellos le quitaron la túnica que llevaba puesta, lo agarraron y lo echaron al pozo, que estaba vacío y seco. Después se sentaron a comer. En esto, vieron venir una caravana de ismaelitas que venían de Galaad. Entonces Judá les dijo a sus hermanos: Es mejor que lo vendamos a los ismaelitas y no que lo matemos, porque después de todo es nuestro hermano. Sus hermanos estuvieron de acuerdo con él, y cuando los comerciantes madianitas pasaron por allí, los hermanos de José lo sacaron del pozo y lo vendieron a los ismaelitas[1] por veinte monedas de plata.[2] Así se llevaron a José a Egipto.

Cuando Rubén regresó al pozo y no encontró a José allí adentro, rasgó su ropa en señal de dolor. Luego volvió a donde estaban sus hermanos, y les dijo: -¡El muchacho ya no está! ¿Ahora qué voy a hacer?[3] Entonces ellos tomaron la túnica de José y la mancharon con la sangre de un cabrito que mataron; luego se la mandaron a su padre, con este mensaje: "Encontramos esto. Fíjate bien si es o no la túnica de tu hijo." En cuanto Jacob la reconoció, dijo: "¡Sí, es la túnica de mi hijo! Algún animal salvaje lo hizo pedazos y se lo comió." Entonces Jacob rasgó su ropa y se vistió de luto, y por mucho tiempo lloró la muerte de su hijo. Todos sus hijos y sus hijas trataban de consolarlo, pero él no quería que lo consolaran; al contrario, lloraba por su hijo y decía: "Guardaré luto por mi hijo, hasta que vaya a reunirme con él entre los muertos."[4]

Notas explicativas

[1]También llamados madianitas. [2]El precio de un esclavo joven. [3]Como hermano mayor, Rubén era responsable del bienestar de José. [4]Sintió que se iba a morir de tristeza.

Sus hermanos lo vendieron por veinte monedas de plata

Para pensar

1. Los hijos de Jacob lo engañaron diciéndole que un animal salvaje lo había matado. Jacob también había engañado una vez a su padre. Recuerda el incidente.

2. Los malos pensamientos de los hermanos de José los llevaron a malas acciones. Explica.

3. Rubén intercede por José y le salva la vida. ¿Quién ha intercedido por nuestra vida? ¿Cómo?

Palabras para recordar

[Jesús] puede salvar por completo a los que por medio de él se acercan a Dios, ya que vive siempre para interceder por ellos. *Hebreos 7.25 NVI*

José sirve al faraón

Génesis 41

Después de varios años, un día, el faraón soñó que estaba de pie a la orilla del río Nilo, y que del río salían siete vacas hermosas y gordas. Detrás de ellas, siete vacas feas y flacas salieron del río y se pusieron en la orilla, cerca de las otras. Luego, estas vacas feas y flacas se comieron a las siete vacas hermosas y gordas. El faraón se despertó, pero se volvió a dormir y tuvo otro sueño: veía que siete espigas de trigo llenas y hermosas crecían en un solo tallo. Detrás de ellas salieron otras siete espigas, secas y quemadas por el viento del este, y estas espigas secas se comieron a las siete espigas gruesas y llenas. El faraón se despertó, y ordenó que vinieran todos los adivinos[1] y sabios de Egipto. El faraón les contó sus sueños, pero ninguno de ellos pudo decirle lo que significaban. Entonces el faraón mandó llamar a José, y le dijo: -He tenido un sueño y no hay quien pueda interpretarlo, pero he sabido que cuando tú oyes un sueño lo puedes interpretar. -Eso no depende de mí -contestó José-; pero Dios le dará a Su Majestad una contestación para su bien.

El faraón le contó a José sus sueños. Entonces José le contestó al faraón: -Los dos sueños que tuvo Su Majestad, son uno solo. Van a venir siete años de mucha abundancia en todo Egipto, y después vendrán siete años de gran escasez.[2] Sería bueno que su majestad buscara un hombre inteligente[3] y sabio, para que se haga cargo del país. Nombre Su Majestad gobernadores que vayan por todo el país y recojan la quinta parte de todas las cosechas de Egipto, durante los siete años de abundancia. Que junten todo el trigo de los buenos años que vienen; que lo pongan en un lugar bajo el control de Su Majestad. Así el trigo quedará guardado para el país, para que la gente no muera de hambre durante los siete años de escasez que habrá en Egipto. El faraón le dijo a José: -No hay nadie más inteligente y sabio que tú, pues Dios te ha hecho saber todo esto. Tú te harás cargo de mi palacio, y todo mi pueblo obedecerá tus órdenes. José recogió todo el trigo que hubo en el país durante esos siete años. Era tanto el trigo, que dejó de medirlo, pues no se podía llevar la cuenta. Pasaron los siete años de abundancia que hubo en Egipto, y comenzaron los siete años de escasez, tal como José lo había dicho. Hubo hambre en todos los países, menos en Egipto, pues allí había qué comer.

Notas explicativas

[1]Esta gente hacía cosas sobrenaturales con la ayuda de Satanás. [2]Falta de alimento. [3]Que muestre que es entendido y tiene buenas ideas.

José guardaba grandes cantidades de granos

Para pensar

1. ¿Qué sueños tuvo el faraón? ¿Cómo los interpretó José?
2. José le dijo al faraón que Dios le daría una contestación para bien. ¿Cómo trae Jesús paz y bien a aquellos que lo aman y confían en él?
3. Dios bendijo a José abundantemente. ¿Cómo bendice Dios abundantemente a todos los creyentes en Cristo Jesús?

Palabras para recordar

El SEÑOR sostendrá a los justos. *Salmo 37.17 NVI*

Los viajes de los hermanos de José

Génesis 42-44

Cuando Jacob supo que en Egipto había trigo, les dijo a sus hijos: "Me han dicho que en Egipto hay trigo. Vayan allá y compren trigo para nosotros, para que podamos seguir viviendo." Entonces diez de los hermanos de José fueron a Egipto a comprar trigo. José era el gobernador del país, y el que vendía trigo a la gente que llegaba de todas partes. Cuando sus hermanos se presentaron ante él, se inclinaron hasta tocar el suelo con la frente. Aunque José reconoció a sus hermanos, ellos no lo reconocieron a él. José se apartó de ellos y se puso a llorar. Cuando regresó a donde ellos estaban y pudo hablarles, apartó a Simeón y, a la vista de ellos, hizo que lo ataran. Después ordenó que les llenaran de trigo sus costales, Entonces ellos cargaron el trigo en sus asnos, y se fueron de allí.

El hambre aumentaba en el país, así que cuando Jacob y sus hijos se comieron lo que les quedaba del trigo que habían llevado de Egipto, Jacob les dijo: -Vayan otra vez y compren un poco de trigo para nosotros. Pero Judá le contestó: -Aquel hombre nos dijo bien claro: 'Si no traen aquí a su hermano menor, no vengan a verme.' -Si queremos vivir, deja que vaya el muchacho bajo mi cuidado, y nos iremos en seguida. Entonces su padre les contestó: -Puesto que no hay otro remedio, hagan esto: lleven en sus costales un regalo para ese hombre. Que el Dios todopoderoso le haga tener compasión de ustedes. Los hijos de Jacob se fueron a Egipto. Cuando llegaron ante José, le dijo al mayordomo de su casa: -Lleva a estos hombres a mi casa, ellos comerán conmigo hoy al mediodía.

-¿Es este su hermano menor, del cual me hablaron? ¡Que Dios te bendiga, hijo mío! Al decir esto, José se sintió tan emocionado de ver a su hermano, que le dieron ganas de llorar. Rápidamente entró en su cuarto, y allí se puso a llorar. Cuando pudo contener el llanto, se lavó la cara y salió, y dijo: "¡Sirvan ya la comida!" Los hermanos de José se sentaron cuando José así lo indicó, por orden de edad, del mayor al menor; y estaban muy sorprendidos[1] y mirándose unos a otros. José les dio de comer de lo que él tenía en su propia mesa, y a Benjamín le dio mucho más que a los otros. Después de esto José le ordenó a su mayordomo: -Llena los costales de estos hombres. Pon también mi copa de plata en la boca del costal del hermano menor. El mayordomo hizo lo que José le ordenó.

Notas explicativas

[1]Estaban asombrados de que los sentara exactamente de acuerdo a la edad de cada uno.

Aunque José reconoció a sus hermanos, ellos no lo reconocieron a él

Para pensar

1. ¿Por qué se sorprendieron los hermanos de José durante la comida a la que él los había invitado?
2. ¿Cómo le aseguró Judas a Jacob que Benjamín estaría bien?
3. ¿Cómo se hace Jesús personalmente responsable de nosotros delante del Padre en los cielos?

Palabras para recordar

Mi mandamiento es éste: Que se amen unos a otros como yo los he amado a ustedes. *Juan 15.12*

José se da a conocer a sus hermanos

Génesis 44-45

Todavía no estaban muy lejos de la ciudad, cuando José le dijo a su mayordomo: -Ve a perseguir a esos hombres, y diles cuando los alcances: '¿Por qué han pagado bien con mal? ¿Por qué han robado la copa de plata que mi amo usa para beber y para adivinar? ¡Han hecho muy mal!'

Cuando el mayordomo los alcanzó, les repitió las mismas palabras, y ellos le contestaron: ¿cómo íbamos a robar plata ni oro de la casa de su amo? ¡Que muera cualquiera de estos servidores suyos al que se le encuentre la copa, y hasta nosotros seremos sus esclavos! Cada uno de ellos bajó rápidamente su costal hasta el suelo, y lo abrió. El mayordomo encontró la copa en el costal de Benjamín. Entonces ellos rasgaron su ropa[1] en señal de dolor.

Después cada uno echó la carga sobre su asno, y regresaron a la ciudad. José les dijo: -¿Qué es lo que han hecho? Aquel que tenía la copa será mi esclavo. Entonces Judá se acercó a José y le dijo: -La vida de mi padre está tan unida a la vida del muchacho que, si el muchacho no va con nosotros cuando yo regrese, nuestro padre morirá al no verlo. Yo le dije a mi padre que me haría responsable del muchacho. Por eso yo le ruego a usted que me permita quedarme como su esclavo, en lugar del muchacho.

José ya no pudo contenerse, y se puso a llorar muy fuertemente y les dijo a sus hermanos: -Yo soy José. ¿Vive mi padre todavía? Ellos estaban tan asustados de estar delante de él, que no podían contestarle. Pero José les dijo: -Por favor, acérquense a mí. -Yo soy su hermano José, el que ustedes vendieron a Egipto; pero, por favor, no se aflijan ni se enojen con ustedes mismos por haberme vendido, pues Dios me mandó antes que a ustedes para salvar vidas.[2]

Vayan pronto a donde está mi padre, y díganle: 'Así dice tu hijo José: Dios me ha puesto como señor de todo Egipto. Ven a verme. No tardes. ¡Pronto, vayan a traer a mi padre! José abrazó a su hermano Benjamín, y comenzó a llorar. También Benjamín lloró abrazado a José. Luego José besó a todos sus hermanos, y lloró al abrazarlos.

Notas explicativas

[1] Se razgaron las ropas para mostrar su dolor. [2] José entendió al plan de Dios.

No se aflijan ...Dios me mandó antes que a ustedes

Para pensar

1. Judá se ofreció para servir como sustituto por Benjamín. ¿De qué manera Judá nos hace recordar a Jesús?

2. José se dio a conocer a sus hermanos, y agregó que Dios estaba obrando en esa situación para salvar vidas. Explica.

3. ¿Cómo se da a conocer Dios a nosotros? ¿Por qué es importante que lo haga?

Palabras para recordar

Tengan paciencia unos con otros, y perdónense si alguno tiene una queja contra otro. Así como el Señor los perdonó, perdonen también ustedes. *Colosenses 3.13*

José y Jacob se encuentran

Génesis 46-50

José les dio las carretas que el faraón había ordenado, y alimentos para el camino; también les dio ropa nueva para cambiarse, pero a Benjamín le dio trescientas monedas de plata[1] y cinco mudas de ropa. Cuando José se despidió de sus hermanos, les dijo: -No vayan peleando por el camino.

Ellos se fueron. Salieron de Egipto y llegaron a Canaán, donde vivía su padre Jacob. Cuando le contaron a Jacob que José vivía todavía, y que él era el que gobernaba en todo Egipto, no supo qué hacer o qué decir, pues no podía creer lo que le estaban diciendo. Pero cuando ellos le contaron todo lo que José les había dicho, y cuando vio las carretas que José había mandado para llevarlo, se entusiasmó muchísimo. Entonces dijo: "¡Me basta saber que mi hijo José vive todavía! Iré a verlo antes de morir."

Israel se puso en camino con todo lo que tenía. Jacob envió antes a Judá a ver a José. José ordenó que prepararan su carro[2] para ir a recibir a su padre. Cuando se presentó delante de su padre, lo abrazó y estuvo llorando largo rato sobre su hombro. Entonces Israel le dijo a José: -Después de verte personalmente y encontrarte vivo todavía, ¡ya puedo morirme! José llevó a su padre Jacob para presentárselo al faraón, y Jacob lo saludó con mucho respeto. José les dio terrenos en la mejor región de Egipto. Además José les daba alimentos a todos sus familiares, según las necesidades de cada familia.

Un día Israel sintió que ya pronto iba a morir, y llamó a sus hijos y los bendijo[3]. Los hijos de Jacob hicieron todo lo que él les había pedido, y lo enterraron al oriente de Mamre. Como Jacob había muerto, los hermanos de José le mandaron a decir: "Antes de que tu padre muriera, nos ordenó que te dijéramos: 'Por favor, te pido que perdones la maldad y pecado de tus hermanos, que tan mal te trataron.' Mientras los mensajeros le daban este mensaje, José lloraba. Entonces llegaron sus propios hermanos, y José les dijo: -No tengan miedo. Yo les daré de comer a ustedes y a sus hijos. Así José los tranquilizó, pues les habló con mucho cariño.

Notas explicativas

[1]Como una muestra especial de amor fraternal. [2]Una carroza real de dos ruedas. [3]En la bendición sobre Judá está la profecía con respecto al Salvador. *Génesis 49.8-12.*

Abrazó a su padre y lloró

Para pensar

1. ¿De qué tenían miedo los hermanos de José después de la muerte de su padre?

2. ¿Por qué aquellos que confían en Jesús como su Salvador pueden perdonar a otros?

3. Lee el versículo en "Palabras para recordar." ¿Cómo obró Dios para bien en la vida de José? ¿Cómo obra para bien en nuestra vida?

Palabras para recordar

Sabemos que Dios dispone todas las cosas para bien de quienes lo aman, a los cuales él ha llamado de acuerdo con su propósito. *Romanos 8.28*

El nacimiento de Moisés

Éxodo 1-2

Más tarde hubo un nuevo rey en Egipto, que no había conocido a José, y que le dijo a su pueblo: "Miren, el pueblo israelita es más numeroso y más poderoso que nosotros; así que debemos tramar algo para impedir que sigan aumentando.[1] Por eso los egipcios pusieron capataces encargados de someter a los israelitas a trabajos muy duros. Pero mientras más los maltrataban, más aumentaban. El faraón, por su parte, ordenó a todo su pueblo: "Echen al río a todos los niños hebreos que nazcan, pero a las niñas déjenlas vivir."

Un hombre de la tribu de Leví se casó con una mujer de la misma tribu, la cual tuvo un hijo, y lo escondió durante tres meses; pero, no pudiendo tenerlo escondido por más tiempo, tomó un canastillo de junco, le tapó todas las rendijas con asfalto natural y brea,[2] para que no le entrara agua, y luego puso al niño dentro del canastillo y lo dejó entre los juncos a la orilla del río Nilo; además le dijo a una hermana del niño que se quedara a cierta distancia, y que estuviera al tanto de lo que pasara con él.

Más tarde, la hija del faraón bajó a bañarse al río y, mientras sus sirvientas se paseaban por la orilla, vio el canastillo entre los juncos. Entonces mandó a una de sus esclavas que se lo trajera. Al abrir el canastillo y ver que allí dentro había un niño llorando, la hija del faraón sintió compasión de él y dijo: -Este es un niño hebreo. Entonces la hermana del niño propuso a la hija del faraón: -¿Le parece a usted bien que llame a una nodriza hebrea, para que le dé el pecho a este niño? -Ve por ella -contestó la hija del faraón. Entonces la muchacha fue por la madre del niño, y la hija del faraón le dijo: -Toma a este niño y críamelo, y yo te pagaré por tu trabajo.

La madre del niño se lo llevó y lo crió, y ya grande se lo entregó a la hija del faraón, la cual lo adoptó como hijo suyo y lo llamó Moisés, pues dijo: -Yo lo saqué del agua. Cuando Moisés era ya hombre, vio que un egipcio estaba golpeando a uno de sus hermanos hebreos. Mató al egipcio y lo enterró en la arena. Cuanto el faraón supo que Moisés había dado muerte a un egipcio, lo mandó buscar para matarlo; pero Moisés huyó y se fue a vivir a la región de Madián.

Notas explicativas

[1]Para evitar que se volvieran muy poderosos. [2]Sustancia negra y pegajosa que no deja pasar el agua.

Vio el canastillo entre los juncos …lo abrió y vio al bebé

Para pensar

1. La madre de Moisés salvó al niño al ponerlo en un pequeño bote, un canastillo recubierto de asfalto y brea para que pudiera flotar. Compara a Moisés con Noé.
2. ¿Cómo protegió Dios a Moisés del peligro? ¿Cómo nos proteje a nosotros?
3. Moisés fue recibido como un bebé para "salvar" al pueblo de Dios de la esclavitud en Egipto. ¿Qué otro bebé nació para salvar al pueblo de Dios? ¿Cómo nos salvó?

Palabras para recordar

Por fe, Moisés, cuando ya fue hombre, no quiso llamarse hijo de la hija del rey de Egipto; prefirió ser maltratado junto con el pueblo de Dios, a gozar por un tiempo los placeres del pecado. *Hebreos 11.24-25*

El llamado de Moisés

Éxodo 3-4

Moisés cuidaba las ovejas de su suegro, y un día las llevó a través del desierto y llegó hasta el monte de Dios, que se llama Horeb. Allí el ángel del Señor se le apareció en una llama de fuego, en medio de una zarza. Moisés se fijó bien y se dio cuenta de que la zarza ardía con el fuego, pero no se consumía. El Señor lo llamó desde la zarza y le dijo: -Claramente he visto cómo sufre mi pueblo que está en Egipto. Por lo tanto, ponte en camino, que te voy a enviar ante el faraón para que saques de Egipto a mi pueblo, a los israelitas.

Entonces Moisés le dijo a Dios: -¿Y quién soy yo para presentarme ante el faraón y sacar de Egipto a los israelitas? Y Dios le contestó: -Yo estaré contigo. -Ellos no me creerán, -contestó Moisés-. -¿Qué es lo que tienes en la mano? -preguntó el Señor. -Un bastón -contestó Moisés. -Arrójalo al suelo -ordenó el Señor. Moisés lo arrojó al suelo y, en ese mismo instante, el bastón se convirtió en una serpiente. Moisés echó a correr para alejarse de ella, pero el Señor le dijo: -Extiende la mano y agárrala de la cola. Moisés extendió la mano y, al agarrarla, la serpiente se convirtió otra vez en bastón. Y ahora, mete tu mano en el pecho. Moisés metió su mano en el pecho y, al sacarla, vio que estaba enferma de lepra[1] y blanca como la nieve. Entonces Dios le dijo: -Vuelve a meter tu mano en el pecho. Moisés lo hizo así y, al sacar la mano de nuevo, ya estaba tan sana como todo su cuerpo.

Luego el Señor le dijo: -Si con la primera señal no te creen ni te hacen caso, entonces te creerán con la segunda; pero si no te creen ni te hacen caso con ninguna de estas dos señales, saca agua del río y derrámala sobre el suelo. En cuanto el agua que saques del río caiga al suelo, se convertirá en sangre. -¡Ay, Señor! -respondió Moisés-. Yo no tengo facilidad de palabra; pero el Señor le contestó: Así que, anda, que yo estaré contigo cuando hables, y te enseñaré lo que debes decir. Moisés insistió: -¡Ay, Señor, por favor, envía a alguna otra persona!

Entonces el Señor se enojó con Moisés, y le dijo: -¡Pues ahí está tu hermano Aarón! Yo sé que él habla muy bien. Tú le hablarás a Aarón, y él a su vez le comunicará al pueblo lo que le digas tú. Llévate este bastón, porque con él harás cosas asombrosas.

Notas explicativas

[1]La lepra es una enfermedad destructiva de la piel.

Dios se le apareció a Moisés en las llamas de fuego de una zarza

Para pensar

1. ¿De qué le hizo recordar Dios a Moisés cuando le preguntó: ¿Y quién soy yo para presentarme ante el faraón y sacar de Egipto a los israelitas?

2. ¿Cómo equipó y bendijo Dios a Moisés para el trabajo que le pidió que hiciera?

3. ¿Qué dones te ha dado Dios para ayudarte en tu vida?

Palabras para recordar

Tú irás a donde yo te mande, y dirás lo que yo te ordene. No tengas miedo de nadie, pues yo estaré contigo para protegerte. Yo, el Señor, doy mi palabra. *Jeremías 1.7-8*

La Pascua[1]

Éxodo 11-12

Moisés y Aarón fueron a decirle al Faraón: -Así ha dicho el Señor, el Dios de Israel: 'Deja ir a mi pueblo', pero el faraón contestó: '¿Y quién es 'el Señor' para que yo le obedezca? No voy a dejar ir a los israelitas.

Entonces el Señor le dijo a Moisés: -Todavía voy a traer otra plaga sobre el faraón y los egipcios. Después de esto, el faraón no solo va a dejar que ustedes salgan, sino que él mismo los va a echar de aquí. El Señor habló en Egipto con Moisés y Aarón, y les dijo: "Díganle a toda la comunidad israelita lo siguiente: 'El día diez de este mes, cada uno de ustedes tomará un cordero o un cabrito por familia, uno por cada casa. El animal deberá ser de un año, macho y sin defecto, y podrá ser un cordero o un cabrito, y lo matarán al atardecer. Tomarán luego la sangre del animal y la untarán por todo el marco de la puerta de la casa donde coman el animal. Esa noche comerán la carne asada al fuego, con hierbas amargas y pan sin levadura. No deben dejar nada para el día siguiente. Ya vestidos y calzados, y con el bastón en la mano,[2] coman de prisa el animal, porque es la Pascua del Señor.

Esa noche yo pasaré por todo Egipto, y heriré de muerte al hijo mayor de cada familia egipcia y a las primeras crías de sus animales. 'La sangre les servirá para que ustedes señalen las casas donde se encuentren. Y así, cuando yo hiera de muerte a los egipcios, ninguno de ustedes morirá, pues veré la sangre y pasaré de largo.

Este es un día que ustedes deberán recordar y celebrar con una gran fiesta en honor del Señor. Lo celebrarán como una ley permanente que pasará de padres a hijos. Los israelitas hicieron todo tal como el Señor se lo había ordenado a Moisés y Aarón.

Notas explicativas

[1]La pascua es una comida especial que recuerda la forma poderosa en que Dios rescató a su pueblo de la esclavitd de Egipto. Es también una prefigura de la salvación que Dios obró a través de la muerte y resurrección de Cristo. Así como en la Pascua se mata al cordero y se usa la sangre para marcar los marcos de las puertas, así, la sangre del Cristo crucificado fue derramada para el perdón de nuestros pecados. Así como la Pascua del éxodo trajo a los israelitas una nueva vida, así la resurrección de Cristo nos trae nueva vida. [2]Debían estar listos para partir.

Veré la sangre y pasaré de largo

Para pensar

1. ¿Qué era la Pascua?
2. ¿Qué debían hacer los israelitas la noche antes de la Pascua?
3. ¿Por qué llamamos a Jesús nuestro cordero pascual?

Palabras para recordar

Cristo, que es el Cordero de nuestra Pascua, fue muerto en sacrificio por nosotros. *1 Corintios 5.7*

La partida de Egipto

Éxodo 12-15

A medianoche el Señor hirió de muerte al hijo mayor de cada familia egipcia. No había una sola casa donde no hubiera algún muerto. El faraón mandó llamar a Moisés y Aarón, y les dijo: Váyanse, apártense de mi gente. Los egipcios apuraron a los israelitas para que se fueran, pues pensaban que todos iban a morir.

Los israelitas, sin contar mujeres y niños, eran como seiscientos mil hombres de a pie, en edad militar. De día, el Señor los acompañaba en una columna de nube, y de noche, en una columna de fuego, para alumbrarlos. Mientras tanto, el rey de Egipto recibió aviso de que los israelitas se habían escapado. Entonces el rey y sus funcionarios cambiaron de parecer, y se dijeron: "¿Pero cómo pudimos permitir que los israelitas se fueran y dejaran de trabajar para nosotros?" Los egipcios salieron a perseguir a los israelitas, y los alcanzaron a la orilla del mar, donde estaban acampados.

Cuando los israelitas se dieron cuenta de que los egipcios se acercaban, tuvieron mucho miedo y pidieron ayuda al Señor. Moisés les dijo: No tengan miedo. Manténganse firmes y fíjense en lo que el Señor va a hacer hoy para salvarlos, porque nunca más volverán a ver a los egipcios que hoy ven. Ustedes no se preocupen, que el Señor va a pelear por ustedes.

En ese momento el ángel de Dios y la columna de nube, que marchaban al frente de los israelitas, cambiaron de lugar y se pusieron detrás de ellos. Moisés extendió su brazo sobre el mar y lo partió en dos, y por tierra seca lo cruzaron los israelitas, entre dos murallas de agua, una a la derecha y otra a la izquierda. Toda la caballería y los carros del faraón entraron detrás de ellos, y los persiguieron hasta la mitad del mar; pero a la madrugada el Señor miró de tal manera al ejército de los egipcios, que provocó un gran desorden entre ellos; descompuso además las ruedas de sus carros, de modo que apenas podían avanzar. Entonces los egipcios dijeron: -Huyamos de los israelitas, pues el Señor pelea a favor de ellos. Pero el Señor le dijo a Moisés: -Extiende tu brazo sobre el mar. Al volver el agua a su cauce normal, cubrió los carros y la caballería, y todo el ejército que había entrado en el mar para perseguir a los israelitas. Ni un solo soldado del faraón quedó vivo. Al ver los israelitas el gran poder que el Señor había desplegado contra Egipto, mostraron reverencia ante el Señor.

Fíjense en lo que el Señor va a hacer hoy para salvarlos

Para pensar

1. ¿De qué forma Dios les recordaba a su pueblo que él estaba en medio de ellos?

2. La salvación de Dios hacia su pueblo durante el éxodo de Egipto apunta a un rescate más dramático que Dios proveyó para su pueblo en Jesús. Piensa en cómo te rescató Jesús.

3. ¿Hay veces que sientes que estás entre el mar y el ejército egipcio? ¿Por qué no necesitas temer?

Palabras para recordar

Por fe los israelitas pasaron el Mar Rojo como si fuera tierra seca; luego, cuando los egipcios quisieron hacer lo mismo, se ahogaron. *Hebreos 11.29*

Dios da la ley

Éxodo 19-20

En el desierto todos los israelitas comenzaron a murmurar contra Moisés y Aarón. -¿Por qué nos sacaste de Egipto? Esto es precisamente lo que te decíamos en Egipto: 'Déjanos trabajar para los egipcios. ¡Más nos vale ser esclavos de ellos que morir en el desierto!' Y el Señor se dirigió a Moisés y le dijo: -He oído murmurar a los israelitas. Habla con ellos y diles: 'Al atardecer, ustedes comerán carne, y por la mañana comerán pan hasta quedar satisfechos.'

Aquella misma tarde vinieron codornices, las cuales llenaron el campamento, y por la mañana algo muy fino, parecido a la escarcha, quedó sobre la superficie del desierto. Como los israelitas no sabían lo que era, al verlo se decían unos a otros: "¿Y esto qué es?" Y Moisés les dijo: -Este es el pan que el Señor les da como alimento.

Los israelitas llegaron al desierto del Sinaí al tercer mes de haber salido de Egipto. Después de salir de Refidim, llegaron al desierto del Sinaí y acamparon allí mismo, frente al monte, y el Señor le dijo: -Ve y prepara al pueblo hoy y mañana para que me rinda culto. Deben lavarse la ropa y prepararse para pasado mañana. Al amanecer del tercer día hubo relámpagos y truenos, y una espesa nube se posó sobre el monte. Un fuerte sonido de trompetas hizo que todos en el campamento temblaran de miedo.

Entonces Moisés llevó al pueblo fuera del campamento para encontrarse con Dios, y se detuvieron al pie del monte. Todo el monte Sinaí echaba humo debido a que el Señor había bajado a él en medio de fuego. El humo subía como de un horno, y todo el monte temblaba violentamente. El sonido de trompetas fue haciéndose cada vez más fuerte; Moisés hablaba, y Dios le contestaba con voz de trueno.[1] Los israelitas le dijeron a Moisés: -Háblanos tú, y obedeceremos; para que no nos hable Dios, no sea que muramos.

Moisés entró en la nube, subió al monte, y allí se quedó cuarenta días y cuarenta noches. Cuando el Señor dejó de hablar con Moisés en el monte Sinaí, le entregó dos tablas de piedra con la ley escrita por el dedo mismo de Dios.

Notas explicativas
[1]Le dio los diez mandamientos.

El Señor le dio las dos tablas de piedra que él mismo escribió con el dedo

Para pensar

1. Dios demostró su presencia con humo, fuego y el temblar de la montaña. ¿Cómo viene Dios a nosotros hoy?
2. Moisés subió a la montaña para hablar con Dios de parte del pueblo. ¿De qué forma habla Jesús a Dios por nosotros?
3 Dios envió maná y codornices para ayudar a los israelitas en la alimentación. ¿Cómo les ayudó dándoles la ley? Explica.

Palabras para recordar

Ustedes no se acercaron, como los israelitas, a algo que se podía tocar y que ardía en llamas, donde había oscuridad, tinieblas y tempestad... Ustedes, por el contrario, se han acercado al monte Sinaí, y a la ciudad del Dios viviente, la Jerusalén celestial. *Hebreos 12.18, 22*

El becerro de oro

Éxodo 32, 34

Al ver los israelitas que Moisés tardaba en bajar del monte, se juntaron alrededor de Aarón y le dijeron: -Anda, haznos dioses que nos guíen, porque no sabemos qué le ha pasado a este Moisés que nos sacó de Egipto. Y Aarón les contestó: -Quítenles a sus mujeres, hijos e hijas, los aretes de oro y tráiganmelos aquí. Aarón fundió el oro, y lo trabajó hasta darle la forma de un becerro. Entonces todos dijeron: ¡Israel, este es tu dios, que te sacó de Egipto! Al día siguiente por la mañana se levantaron y ofrecieron holocaustos y sacrificios de reconciliación. Después el pueblo se sentó a comer y beber, y luego se levantaron a divertirse.[1]

Entonces el Señor le dijo a Moisés: -Anda, baja, porque tu pueblo se ha echado a perder. Muy pronto se han apartado del camino que yo les ordené seguir. Entonces Moisés se dispuso a bajar del monte, trayendo en sus manos las dos tablas de la ley.[2] Dios mismo había hecho las tablas, y Dios mismo había grabado lo que estaba escrito en ellas. En cuanto Moisés se acercó al campamento y vio el becerro y los bailes, ardió de enojo y arrojó de sus manos las tablas, haciéndolas pedazos; en seguida agarró el becerro y lo arrojó al fuego, luego lo molió hasta hacerlo polvo, y el polvo lo roció sobre el agua; entonces hizo que los israelitas bebieran de aquella agua. Moisés se puso de pie y dijo: -Los que estén de parte del Señor, júntense conmigo. Y todos los levitas se le unieron. Al día siguiente, Moisés dijo a la gente: -Ustedes han cometido un gran pecado. Ahora voy a tener que subir a donde está el Señor, a ver si consigo que los perdone. Moisés cortó dos tablas de piedra iguales a las primeras.

Al día siguiente, tomó las dos tablas de piedra y subió al monte Sinaí. -¡Señor! ¡Señor! Si en verdad me he ganado tu favor, acompáñanos. Esta gente es realmente muy terca, pero perdónanos nuestros pecados y maldad, y acéptanos como tu pueblo.

El Señor dijo: "Pongan atención: yo hago ahora una alianza ante todo tu pueblo. Voy a hacer cosas maravillosas que no han sido hechas en ninguna otra nación de la tierra. Después bajó Moisés del monte Sinaí llevando las dos tablas de la ley; pero al bajar del monte no se dio cuenta de que su cara resplandecía por haber hablado con el Señor.

Notas explicativas

[1] Prácticas cúlticas pecaminosas que incluyen bailes inmorales. [2] Los diez mandamientos.

Hizo un ídolo en forma de becerro

Para pensar

1. ¿Cómo usó mal el pueblo de Israel el tiempo que tenía mientras Moisés estaba en el monte?
2. ¿Qué otros dioses adoramos nosotros a veces?
3. Por causa de Jesús, ¿por qué no necesitamos temer el castigo por los mandamientos que no cumplimos?

Palabras para recordar

No adoren ustedes ídolos, como algunos de ellos lo hicieron, según dice la Escritura: "La gente se sentó a comer y beber, y luego se levantó a divertirse." *1 Corintios 10.*7

La serpiente de bronce

Números 13, 14, 21

"Envía unos hombres a que exploren la tierra de Canaán, que yo voy a dar a los israelitas. Envía de cada tribu a uno que sea hombre de autoridad."

-Fuimos a la tierra a la que nos enviaste. Realmente es una tierra donde la leche y la miel corren como el agua. Pero la gente que vive allí es fuerte, y las ciudades son muy grandes y fortificadas. -La tierra que fuimos a explorar mata a la gente que vive en ella, y todos los hombres que vimos allá eran enormes. Al lado de ellos nos sentíamos como langostas, y así nos miraban ellos también. Entonces los israelitas comenzaron a gritar. Decían: "¡Ojalá hubiéramos muerto en Egipto, o aquí en el desierto!"

Josué y Caleb, que habían estado explorando el país, se rasgaron la ropa en señal de dolor y dijeron a todos los israelitas: -¡La tierra que fuimos a explorar es excelente! Si el Señor nos favorece, nos ayudará a entrar a esa tierra y nos la dará. Pero no se rebelen contra el Señor, ni le tengan miedo a la gente de ese país, porque nosotros tenemos de nuestra parte al Señor.

El Señor se dirigió a Moisés y Aarón, y les dijo: -¿Hasta cuándo voy a tener que soportar las habladurías de estos malvados israelitas? Ya les he oído hablar mal de mí. Pues ve a decirles de mi parte: 'Todos los mayores de veinte años que fueron registrados en el censo y que han hablado mal de mí, morirán, y sus cadáveres quedarán tirados en este desierto. Con la excepción de Caleb y de Josué, ninguno de ustedes entrará en la tierra donde solemnemente les prometí que los iba a establecer. Así sabrán lo que es ponerse en contra de mí.'

Cuando Moisés contó a los israelitas lo que el Señor había dicho, todos ellos se pusieron muy tristes. El Señor les envió serpientes venenosas, que los mordieron, y muchos israelitas murieron. Moisés pidió al Señor que perdonara a los israelitas, y el Señor le dijo: -Hazte una serpiente como esas, y ponla en el asta de una bandera. Cuando alguien sea mordido por una serpiente, que mire hacia la serpiente del asta, y se salvará. Moisés hizo una serpiente de bronce y la puso en el asta de una bandera, y cuando alguien era mordido por una serpiente, miraba a la serpiente de bronce y se salvaba.

El que mire a la serpiente se salvará

Para pensar

1. ¿Cómo mostraron Josué y Caleb su confianza en Dios?
2. ¿Qué sucedió debido a la falta de confianza del resto de la gente?
3. ¿Cómo se asemeja a Jesús la serpiente de bronce que el Señor le pidió a Moisés que pusiera en alto para salvar a los israelitas?

Palabras para recordar

Así como Moisés levantó la serpiente en el desierto, así también el Hijo del hombre tiene que ser levantado. *Juan 3.14*

Israel entra en Canaán

Deuteronomio 34; Josué 1-5

Moisés subió al monte Nebo. Desde allí el Señor le hizo contemplar toda la región. Y el Señor le dijo: "Este es el país que yo juré a Abraham, Isaac y Jacob que daría a sus descendientes. He querido que lo veas con tus propios ojos, aunque no vas a entrar en él." Y así Moisés, el siervo de Dios, murió y fue enterrado en un lugar que hasta la fecha nadie conoce. Los israelitas lloraron a Moisés durante treinta días.

Después que murió Moisés, habló el Señor con Josué y le dijo: "Ahora eres tú quien debe cruzar el río Jordán con todo el pueblo de Israel, para ir a la tierra que voy a darles. Lo único que te pido es que tengas mucho valor y firmeza, y que cumplas toda la ley que mi siervo Moisés te dio. Medita[1] en él de día y de noche. Así todo lo que hagas te saldrá bien. Yo soy quien te manda que tengas valor y firmeza. No tengas miedo ni te desanimes porque yo, tu Señor y Dios, estaré contigo dondequiera que vayas."

Entonces Josué les dio órdenes a los jefes del pueblo: "Vayan por todo el campamento y ordenen a todos que preparen provisiones, porque dentro de tres días vamos a cruzar el río Jordán."

Los israelitas salieron de sus tiendas de campaña para cruzar el río, y delante de ellos iban los sacerdotes que llevaban el arca[2] de la alianza. Pero en cuanto los sacerdotes entraron en el río y sus pies se mojaron con el agua de la orilla el agua que venía de arriba dejó de correr y se detuvo como formando un embalse, bastante lejos. Y el agua que bajaba hacia el Mar Muerto siguió corriendo hasta que se terminó. Así se dividió el agua del río, y los israelitas lo cruzaron frente a la ciudad de Jericó.

Tan pronto como los sacerdotes salieron del Jordán y pusieron los pies en un lugar seco, el agua del río volvió a su lugar y corrió desbordada como antes.

Ese mismo día comieron panes sin levadura y trigo tostado, pero al día siguiente comieron ya de lo que la tierra producía. Desde entonces no volvió a haber maná, así que los israelitas se alimentaron aquel año de lo que producía la tierra de Canaán.

Notas explicativas

[1]Leer y pensar. [2]Cofre de oro transportado sobre dos travesaños que simboliza-ba la presencia de Dios. Ver Éxodo 25.10-22

Cruza el río Jordán a la tierra que voy a darles

Para pensar
1. "Te pido que tengas mucho valor y firmeza, y que cumplas toda la ley que mi siervo Moisés te dio. Medita en él de día y de noche." Aplica la palabra de Dios a tu propia vida.
2. ¿De qué manera demostró Dios su presencia amorosa y su interés por su pueblo?
3. El nombre Josué significa "el Señor salva". Comparte con alguna persona cómo Jesús te ha salvado y cómo te anima en tu vida de servicio a él.

Palabras para recordar
Felices los que atienden a sus mandatos y le buscan de todo corazón. *Salmo 119.2*

La conquista de Canaán

Josué 6-10

Nadie podía entrar ni salir de Jericó, pues se habían cerrado las puertas de la ciudad para defenderla de los israelitas. Pero el Señor le dijo a Josué: "Yo te he entregado Jericó, con su rey y sus soldados. Ustedes, soldados israelitas, den una vuelta diaria alrededor de la ciudad durante seis días. El séptimo día darán siete vueltas a la ciudad, mientras los sacerdotes tocan las trompetas. Cuando ustedes oigan que las trompetas dan un toque especial, griten con todas sus fuerzas, y la muralla de la ciudad se vendrá abajo."

Al séptimo día se levantaron de madrugada y marcharon alrededor de la ciudad, como lo habían hecho antes, pero ese día le dieron siete vueltas. Cuando los sacerdotes tocaron las trompetas por séptima vez, Josué ordenó a la gente: "¡Griten!" La gente gritó y la muralla de la ciudad se vino abajo. Entonces avanzaron contra la ciudad, y la tomaron.

Los cinco reyes amoreos se juntaron y marcharon con sus ejércitos para acampar ante Gabaón y atacarla. El Señor le dijo: "No les tengas miedo, porque yo voy a entregártelos." Josué atacó por sorpresa a los amorreos. El Señor hizo que ellos se asustaran mucho ante los israelitas, y Josué los persiguió por el camino.

Mientras huían de los israelitas, el Señor soltó sobre ellos grandes piedras de granizo, que mataron más amorreos que las espadas de los israelitas. Josué le habló al Señor delante del pueblo y dijo: "Párate, sol, en Gabaón; párate, luna, en el valle de Aialón." Y el sol y la luna se detuvieron hasta que el pueblo se vengó del enemigo. El sol se detuvo en medio del cielo, y por casi un día entero no se puso.

De una sola vez derrotó a los reyes y conquistó todos sus territorios, porque el Señor, el Dios de Israel, peleaba en favor de los israelitas.

El Señor le dijo a Josué: "Yo te he entregado Jericó"

Para pensar

1. Enumera los milagros que Dios hizo para ayudar a su pueblo.
2. ¿Cómo cumplió Dios la promesa que le hizo al pueblo de Israel?
3. ¿Cómo cumplió Dios su promesa contigo?

Palabras para recordar

Tu reino es un reino eterno; tu dominio permanece por todas las edades. Fiel es el SEÑOR a su palabra y bondadoso en todas sus obras. *Salmo 145.13 NVI*

Gedeón

Jueces 6-7

Pero los hechos de los israelitas fueron malos a los ojos del Señor, y durante siete años el Señor los entregó al poder de los madianitas. Acampaban en los territorios de Israel y destruían las cosechas sin dejarles a los israelitas nada que comer. Los israelitas pasaban por muchas miserias, y finalmente le pidieron ayuda al Señor. Gedeón estaba limpiando el trigo a escondidas, en el lugar donde se pisaba la uva para hacer vino, para que los madianitas no lo vieran. El ángel del Señor se le apareció y le dijo: -Usa la fuerza que tienes, para ir a salvar a Israel del poder de los madianitas.

Pero el espíritu del Señor se adueñó de Gedeón, y este tocó un cuerno de carnero para que se le unieran los del clan de Abiézer. Además mandó mensajeros para que llamaran a toda la tribu de Manasés a que se le uniera. También las tribus de Aser, Zabulón y Neftalí salieron a reunirse con él.

El Señor le dijo a Gedeón: "Traes tanta gente contigo que si hago que los israelitas derroten a los madianitas, van a alardear ante mí creyendo que se han salvado ellos mismos. Por eso, dile a la gente que cualquiera que tenga miedo puede irse a su casa." Se fueron veintidós mil hombres, quedándose diez mil.

Pero el Señor insistió: "Son muchos todavía. Llévalos a tomar agua. Aparta a los que beban agua en sus manos, lamiéndola como perros, de aquellos que se arrodillen para beber." Los que bebieron agua llevándosela de las manos a la boca y lamiéndola como perros fueron trescientos. Todos los demás se arrodillaron para beber. Entonces el Señor le dijo a Gedeón: "Con estos trescientos hombres voy a salvarlos a ustedes." Los madianitas, los amalecitas y la gente del oriente se habían esparcido por el valle como una plaga de langostas. Tenían tantos camellos como arena hay a la orilla del mar. En seguida dividió sus trescientos hombres en tres grupos, y les dio cuernos de carnero a todos y unos cántaros vacíos que llevaban dentro antorchas encendidas. Y les dijo: -fíjense en mí y hagan lo mismo que me vean hacer. Cuando yo y los que van conmigo toquemos el cuerno, tóquenlo ustedes también alrededor de todo el campamento, y griten: '¡Por el Señor y por Gedeón!' Los tres grupos tocaron al mismo tiempo los cuernos de carnero y rompieron los cántaros. En la mano izquierda llevaban las antorchas encendidas, y los cuernos de carnero en la derecha, y gritaban: "¡Guerra! ¡Por el Señor y por Gedeón!" Todos en el ejército madianita gritaban y salían huyendo.

Gritaban: "¡Guerra! ¡Por el Señor y por Gedeón!"

Para pensar

1. ¿Por qué el pueblo de Israel le pidió ayuda al Señor?
2. ¿Por qué el Señor quería que sólo fueran trescientos soldados a luchar contra los madianitas?
3. Lee el versículo en "Palabras para recordar". Después de leer la historia de Gedeón, ¿cómo sabes que este pasaje es cierto?

Palabras para recordar

Es mejor confiar en el Señor que confiar en el hombre. *Salmo 118.8*

Sansón. Primera parte

Jueces 13-14

El ángel del Señor se le apareció a la mujer de Manoa y le dijo: "Tú nunca has podido tener hijos, pero ahora vas a quedar embarazada y tendrás un niño. Pero no tomes vino ni ninguna otra bebida fuerte, ni comas nada impuro, pues vas a tener un hijo al que no se le deberá cortar el cabello, porque ese niño estará consagrado a Dios como nazareo[1] desde antes de nacer, para que sea él quien comience a librar a los israelitas del poder de los filisteos." A su tiempo, la mujer tuvo un hijo, y le puso por nombre Sansón. El niño crecía, y el Señor lo bendecía, y el espíritu del Señor comenzó a manifestarse en él. Sansón bajó un día al pueblo de Timná y se fijó en una mujer filistea, y cuando regresó a casa se lo contó a sus padres.

-Esa muchacha es la que me gusta, y es la que quiero que me consigan como esposa. Sus padres no sabían que era el Señor quien había dispuesto que todo esto fuera así, pues estaba buscando la ocasión de atacar a los filisteos. Sansón y sus padres fueron a Timná. Cuando Sansón llegó a los viñedos de la ciudad, un león joven lo atacó rugiendo. Entonces el espíritu del Señor se apoderó de Sansón, que a mano limpia hizo pedazos al león, como si fuera un cabrito.

Unos días después, Sansón se apartó del camino para ir a ver el león muerto, y se encontró con que en el cuerpo del león había un enjambre de abejas y un panal de miel. Raspó el panal con las manos para sacar la miel, y se la fue comiendo. El padre de Sansón fue a ver a la muchacha; y Sansón dio allí una fiesta, según se acostumbraba entre los jóvenes. Pero como los filisteos le tenían miedo, llevaron treinta amigos para que estuvieran con él. Sansón les dijo: -Les voy a decir una adivinanza. Si en los siete días que va a durar la fiesta me dan la respuesta correcta, yo le daré a cada uno de ustedes una capa de lino fino y una muda de ropa de fiesta. Sansón recitó su adivinanza: "Del que comía salió comida; del que era fuerte salió dulzura." Tres días después, ellos no habían logrado resolver la adivinanza; así que le dijeron a la mujer de Sansón: -Procura que tu marido nos dé la solución de su adivinanza, pues de lo contrario te quemaremos a ti y a la familia de tu padre. Entonces ella fue a ver a Sansón, y tanto le insistió que, por fin, al séptimo día le dio la respuesta. Entonces ella fue y se la dio a conocer a sus paisanos. Al séptimo día los filisteos fueron a decirle a Sansón: "Nada hay más dulce que la miel, ni nada más fuerte que el león." En seguida el espíritu del Señor se apoderó de Sansón; entonces Sansón fue a Ascalón y mató a treinta hombres de aquel lugar, y con la ropa que les quitó pagó la apuesta a los que habían resuelto la adivinanza.

Notas explicativas

[1] Que se dedica al servicio de Dios.

Un león joven lo atacó

Para pensar
1. ¿Cómo sabemos que Dios tenía un plan para Sansón desde antes que él naciera?
2. Explica el significado de la adivinanza de Sansón.
3. ¿Cómo sabemos que Dios estaba con Sansón? ¿Cómo sabemos que Dios está con nosotros?

Palabras para recordar
Dios ha dicho: "Nunca te dejaré ni te abandonaré." *Hebreos 13.5*

Sansón. Segunda parte

Jueces 15-16

Los filisteos vinieron y acamparon en Judá, y los de Judá les preguntaron: -¿Por qué han venido a pelear contra nosotros? Y ellos contestaron: -Hemos venido a capturar a Sansón. Entonces lo ataron con dos sogas nuevas, y lo sacaron de su escondite. Cuando llegaron a Lehi, los filisteos salieron a su encuentro, gritando de alegría. Pero el espíritu del Señor se apoderó de Sansón, el cual rompió las sogas que le sujetaban los brazos y las manos, como si fueran cordeles de lino quemados; luego tomó una quijada de asno que había por allí y que aún no estaba reseca, y con ella mató a mil filisteos.

Después Sansón se enamoró de una mujer llamada Dalila. Los jefes de los filisteos fueron a ver a Dalila, y le dijeron: -Engaña a Sansón y averigua de dónde le vienen sus fuerzas extraordinarias. A cambio de tus servicios, cada uno de nosotros te dará mil cien monedas de plata. Entonces ella le dijo a Sansón: -Por favor, dime de dónde te vienen tus fuerzas tan extraordinarias. ¿Hay algún modo de atarte sin que te puedas soltar? Como era tanta la insistencia de Dalila, que a todas horas le hacía la misma pregunta, Sansón estaba tan fastidiado que tenía ganas de morirse; así que finalmente le contó a Dalila su secreto: -Nadie me ha cortado jamás el cabello, porque desde antes de nacer estoy consagrado a Dios como nazareo. Si me llegaran a cortar el cabello, perdería mi fuerza. Dalila hizo que Sansón se durmiera con la cabeza recostada en sus piernas, y llamó a un hombre para que le cortara las siete trenzas de su cabellera. Luego ella comenzó a maltratarlo, y le gritó: -¡Sansón, te atacan los filisteos! Sansón se despertó, creyendo que se libraría como las otras veces, pero no sabía que el Señor lo había abandonado. Entonces los filisteos lo agarraron y le sacaron los ojos, y se lo llevaron a Gaza, en donde lo sujetaron con cadenas.

Los jefes de los filisteos se reunieron para celebrar su triunfo y ofrecer sacrificios a su dios Dagón. Tan contentos estaban, que pidieron que les llevaran a Sansón para divertirse con él. Lo sacaron, pues, de la cárcel, y se divirtieron a costa de él, y lo pusieron de pie entre dos columnas. Todos los jefes de los filisteos se hallaban en el templo, que estaba lleno de hombres y mujeres. Había, además, como tres mil personas en la parte de arriba, mirando cómo los otros se divertían con Sansón. Entonces Sansón clamó al Señor, y le dijo: "Te ruego, Señor, que te acuerdes de mí tan solo una vez más. Luego buscó con las manos las dos columnas centrales, sobre las que descansaba todo el templo, y apoyando sus dos manos contra ellas, gritó: "¡Mueran conmigo los filisteos!" Entonces empujó con toda su fuerza, y el templo se derrumbó sobre los jefes de los filisteos y sobre todos los que estaban allí. Fueron más los que mató Sansón al morir, que los que había matado en toda su vida.

Te ruego, Señor, que te acuerdes de mí

Para pensar

1. ¿Qué evidencias puedes dar de que Sansón poseía mucha fuerza?
2. ¿Cómo perdió Sansón su gran fuerza?
3. ¿Cuál era la verdadera fuente de fuerza en Sansón? ¿Cuál es la fuente de nuestra fuerza?

Palabras para recordar

Cuando alguien preste algún servicio, préstelo con las fuerzas que Dios le da. Todo lo que hagan, háganlo para que Dios sea alabado por medio de Jesucristo. *1 Pedro 4.11*

73

Rut

El libro de Rut

En el tiempo en que Israel era gobernado por caudillos, hubo una época de hambre en toda la región. Entonces un hombre de Belén de Judá, llamado Elimélec, se fue a vivir por algún tiempo al país de Moab. Con él fueron también su esposa Noemí y sus dos hijos, Mahlón y Quilión. Ellos se casaron con dos mujeres moabitas; una de ellas se llamaba Orfá y la otra Rut. Pero al cabo de unos diez años murieron también Mahlón y Quilión.

Un día Noemí decidió volver a Judá y, acompañada de sus nueras, salió del lugar donde vivían; pero en el camino les dijo: -Anden, vuelvan a su casa, con su madre. Pero Rut le contestó: -¡No me pidas que te deje y que me separe de ti! Iré a donde tú vayas, y viviré donde tú vivas. Tu pueblo será mi pueblo, y tu Dios será mi Dios. Y así las dos siguieron su camino hasta que llegaron a Belén.

Rut, pues, fue al campo y se puso a recoger las espigas[1] que dejaban los segadores. Y tuvo la suerte de que aquel campo fuera de Booz, el pariente de Elimélec. Entonces Booz le dijo a Rut: - No vayas a recoger espigas a ningún otro campo. Quédate aquí, con mis criadas. Rut le preguntó a Booz: -¿Por qué se ha fijado usted en mí y es tan amable conmigo? Booz respondió: -Sé muy bien todo lo que has hecho por tu suegra. ¡Que el Señor y Dios de Israel te premie por todo lo que has hecho!

Luego Booz ordenó a sus criados: -Dejen que también recoja espigas entre los manojos de cebada. No se lo impidan. Y aun dejen caer algunas espigas de sus propios manojos, para que ella las recoja. ¡Que nadie la moleste! Entonces Booz dijo a los ancianos y a los allí presentes: -Todos ustedes son hoy testigos de que le compro a Noemí las propiedades de Elimélec, Quilión y Mahlón. También son testigos de que tomo por esposa a Rut, la viuda moabita, para que la propiedad se mantenga a nombre de Mahlón, su difunto esposo. Así fue como Booz se casó con Rut. Y se unió a ella, y el Señor permitió que quedara embarazada y que tuviera un hijo. Y le pusieron por nombre Obed. Este fue el padre de Jesé y abuelo de David.

Notas explicativas

[1]Los pobres tenían derecho a juntar las espigas que dejaban los segadores después de la cosecha.

Rut fue al campo y se puso a recoger espigas

Para pensar

1. ¿Por qué habrá sido difícil para Rut ir con su suegra a vivir a Belén?

2. Mucho después Jesús nacería de un descendiente de Rut. ¿En qué sentido la descendencia de Rut nos recuerda que Jesús vino para ser el Salvador de toda la gente?

3. Las palabras de Rut a Noemí: "Iré a donde tú vayas, y viviré donde tú vivas" son consideradas el mayor ejemplo de amistad. ¿Qué significado tienen estas palabras cuando las escuchamos de nuestro amigo Jesús?

Palabras para recordar

Yo estaré contigo, sin dejarte ni abandonarte jamás. *Josué 1.5*

El joven Samuel

1 Samuel 1-4

Elcaná tenía dos esposas. Una se llamaba Ana, y la otra Peniná. Peniná tenía hijos, pero Ana no los tenía, y le hizo esta promesa: "Señor todopoderoso: Si te dignas contemplar la aflicción de esta sierva tuya, y te acuerdas de mí y me concedes un hijo, yo lo dedicaré toda su vida a tu servicio." El Señor tuvo presente la petición que ella le había hecho. Así Ana quedó embarazada, y cuando se cumplió el tiempo dio a luz un hijo y le puso por nombre Samuel. Cuando le quitó el pecho, y siendo todavía él un niño pequeño, lo llevó consigo al templo del Señor en Siló. Los hijos de Elí eran unos malvados, y no les importaba el Señor. Elí era muy viejo y estaba enterado de todo lo que sus hijos les hacían a los israelitas.

Por ese tiempo llegó un profeta a visitar a Elí y le dijo: "¿Por qué das más preferencia a tus hijos que a mí? El Señor, el Dios de Israel declara: 'Honraré a los que me honren, y los que me desprecien serán puestos en ridículo'. Tus dos hijos morirán el mismo día". El joven Samuel seguía sirviendo al Señor bajo las órdenes de Elí. Un día Samuel estaba acostado en el templo de Señor, entonces el Señor lo llamó -¡Samuel! ¡Samuel! -Habla, que tu siervo escucha -contestó Samuel. Y el Señor le dijo: Sin falta, cumpliré a Elí todo lo que le he dicho respecto a su familia.

Samuel tenía miedo de contarle a Elí la visión que había tenido, pero Elí le preguntó: -¿Qué es lo que te ha dicho el Señor. Samuel le declaró todo el asunto, sin ocultarle nada, y Elí exclamó: -¡Él es el Señor! ¡Hágase lo que a él le parezca mejor!

Entonces los filisteos atacaron y derrotaron a los israelitas, los cuales huyeron a su campamento. También capturaron el arca[1] de Dios, y mataron a Hofní y Finees, los dos hijos de Elí.

Pero un soldado de la tribu de Benjamín logró escapar del campo de batalla, y corriendo llegó a Siló el mismo día. Los israelitas huyeron ante los filisteos -respondió el mensajero-. Además, ha habido una gran matanza de gente, en la que también murieron tus dos hijos, Hofní y Finees, y el arca de Dios ha caído en manos de los filisteos. En cuanto el mensajero mencionó el arca de Dios, Elí cayó de espaldas al lado de la puerta, fuera del sillón, y como era ya un hombre viejo y pesado, se rompió la nuca y murió.

Notas explicativas

[1]Ver la descripción de Éxodo 25.10-22

Samuel servía al Señor bajo las órdenes de Elí

Para pensar

1. ¿Cómo demostró Ana su agradecimiento al Señor por el hijo que él le dio?
2. Elí había malcriado a sus hijos. No los disciplinó por sus pecados. ¿Cuál fue el resultado?
3. Dios habló a Elí. ¿Cómo nos habla Dios hoy acerca de nuestro pecado, y de Jesús, el Salvador de nuestro pecado?

Palabras para recordar

El Señor cuida el camino de los justos, pero el camino de los malos lleva al desastre. *Salmo 1.6*

El rey Saúl

1 Samuel 8-15

Los ancianos de Israel fueron a entrevistarse con Samuel en Ramá para decirle: "Tú ya eres un anciano, y tus hijos no se portan como tú; por lo tanto, nombra un rey que nos gobierne, como es costumbre en todas las naciones." Samuel, disgustado, se dirigió en oración al Señor; pero el Señor le respondió: "Atiende cualquier petición que el pueblo te haga, pues no es a ti a quien rechazan, sino a mí, para que yo no reine[1] sobre ellos.

Luego ordenó Samuel que se acercaran todas las tribus de Israel, y la suerte cayó sobre Saúl[2], hijo de Quis. Pero lo buscaron y no lo encontraron, por lo que consultaron otra vez al Señor. Y el Señor respondió que Saúl se había escondido entre el equipaje. Entonces corrieron a sacarlo de su escondite. Y cuando Saúl se presentó ante el pueblo, Samuel preguntó a todos: -¿Ya vieron al que el Señor ha escogido como rey? -¡Viva el rey! -respondieron los israelitas.

Nahas, rey de Amón, fue a Jabés de Galaad y preparó su ejército para atacar la ciudad. Al oír Saúl aquello, el espíritu de Dios se apoderó de él. Un miedo tremendo invadió a la gente, y como un solo hombre salieron a unirse con ellos, y antes de que amaneciera penetraron en medio del campamento enemigo, haciendo entre los amonitas una matanza que duró hasta el mediodía. Luego algunos del pueblo dijeron a Samuel: "Escucha lo que el Señor te quiere decir. Así dice el Señor todopoderoso: 'Voy a castigar a los amalecitas, ve y atácalos; destrúyelos junto con todas sus posesiones, y no les tengas compasión.'" Sin embargo, Saúl y su ejército no mataron las mejores ovejas, ni los toros, ni destruyeron las cosas de valor.

Entonces Samuel fue a donde estaba Saúl, el cual le dijo: -El Señor te bendiga. Ya he cumplido la orden del Señor. -¿Qué significan entonces esos balidos de ovejas y esos bramidos de toros que estoy escuchando? -respondió Samuel. -Los han traído de Amalec -contestó Saúl-, porque la gente ha conservado las mejores ovejas y los mejores toros para ofrecerlos en sacrificio al Señor tu Dios. Pero hemos destruido lo demás. Samuel le dijo: -¿Por qué desobedeciste sus órdenes y te lanzaste sobre lo que se le quitó al enemigo, actuando mal a los ojos del Señor? Más le agrada al Señor que se le obedezca, y no que se le ofrezcan sacrificios,[3] y como tú has rechazado sus mandatos, ahora él te rechaza como rey.

Notas explicativas

[1]No querían que Dios gobernara sobre ellos. [2]Para ser rey. [3]Nadie debiera desobedecer la palabra de Dios.

Como tú has rechazado sus mandatos, ahora él te rechaza como rey

Para pensar

1. ¿Por qué estaba desconforme Samuel con el pedido del pueblo de tener un rey?
2. ¿Cómo desobedeció Saúl a Dios?
3. Jesús quiere ser el rey de nuestras vidas. ¿Qué nos invita a hacer nuestro rey Jesús cuando reconocemos que hemos pecado?

Palabras para recordar

¡Demos honor y gloria para siempre al Rey eterno, al inmortal, invisible y único Dios! Así sea. *1 Timoteo 1.17*

David es elegido rey

1 Samuel 16-17

El Señor dijo a Samuel: -Quiero que vayas a la casa de Jesé, el de Belén, porque ya escogí como rey a uno de sus hijos. En seguida Samuel, en presencia de sus hermanos, consagró como rey al joven que se llamaba David. A partir de aquel momento, el espíritu del Señor se apoderó de él. Entre tanto, el espíritu del Señor se había apartado de Saúl, y un espíritu maligno lo atormentaba.[1] Entonces Saúl mandó mensajeros a Jesé, para que le dijeran: "Envíame a tu hijo David", y Jesé envió su hijo David a Saúl.

Cuando el espíritu maligno atacaba a Saúl, David tomaba el arpa y se ponía a tocar. Con eso Saúl recobraba el ánimo y se sentía mejor, y el espíritu maligno se apartaba de él.

Los filisteos juntaron sus ejércitos para la guerra. De pronto, de entre las filas de los filisteos salió un guerrero como de tres metros de estatura. Se llamaba Goliat, y en la cabeza llevaba un casco de bronce, y sobre su cuerpo una coraza, también de bronce, que pesaba cincuenta y cinco kilos. El asta de su lanza era como un rodillo de telar.[2] Goliat dijo a los soldados israelitas: -Elijan a uno de ustedes para que baje a luchar conmigo. Si es capaz de vencerme, nosotros seremos esclavos de ustedes; pero si yo lo venzo, ustedes serán nuestros esclavos. Al oír Saúl y todos los israelitas las palabras del filisteo, perdieron el ánimo y se llenaron de miedo. Aquel filisteo salía a provocar a los israelitas por la mañana y por la tarde, y así lo estuvo haciendo durante cuarenta días. David iba al campamento de Saúl, y volvía a Belén para cuidar las ovejas de su padre.

Un día, Jesé le dijo a su hijo David: -Toma unos veinte litros de este trigo tostado, y estos diez panes, y llévalos pronto al campamento, a tus hermanos. Mientras tanto, Saúl y los hermanos de David y todos los israelitas estaban en el valle de Elá luchando contra los filisteos. Al día siguiente, David madrugó y se puso en camino llevando consigo las provisiones que le entregó Jesé. David dejó lo que llevaba, y corriendo a las filas se metió en ellas para preguntar a sus hermanos cómo estaban.

Mientras hablaba con ellos, Goliat salió de entre las filas de los filisteos y volvió a desafiar a los israelitas. Entonces David preguntó a los que estaban a su lado: -¿Quién es este filisteo pagano para desafiar así al ejército del Dios viviente? Algunos que oyeron a David preguntar, fueron a contárselo a Saúl, y éste lo mandó llamar.

Notas explicativas

[1] Lo volvía extremadamente celoso y violento. [2] De aproximadamente 12 centímetros de diámetro.

Samuel ungió a David, hijo de Jesé

Para pensar

1. Describe al malvado Goliat y la amenaza que dirigía al pueblo de Israel.
2. Todos enfrentamos maldades que amenazan la vida que queremos vivir para Jesús. Da algunos ejemplos de los "Goliat" que enfrentas.
3. Cuando los israelitas escucharon las amenazas de Goliat se aterrorizaron. ¿Cómo podemos ser como David, y vivir sin temor?

Palabras para recordar

El Señor te protege de todo peligro; él protege tu vida. *Salmo 121.7*

David y Goliat

1 Samuel 17

David le dijo a Saúl: -Yo, un servidor de Su Majestad, iré a pelear contra él. -No puedes ir tú solo a luchar contra ese filisteo -contestó Saúl-, porque aún eres muy joven; en cambio, él ha sido hombre de guerra desde su juventud. David contestó: -El Señor, que me ha librado de las garras del león y del oso, también me librará de las manos de este filisteo. Entonces Saúl le dijo: -Anda, pues, y que el Señor te acompañe. Luego hizo Saúl que vistieran a David con la misma ropa que él usaba, y que le pusieran un casco de bronce en la cabeza y lo cubrieran con una coraza. David le dijo a Saúl: -No puedo andar con esto encima, porque no estoy acostumbrado a ello. Entonces se quitó todo aquello, tomó su bastón, escogió cinco piedras lisas del arroyo, las metió en la bolsa que traía consigo y, con su honda en la mano, se enfrentó con el filisteo.

Cuando el filisteo miró a David dijo: -¿Acaso soy un perro, para que vengas a atacarme con palos? David le contestó: -Tú vienes contra mí con espada, lanza y jabalina, pero yo voy contra ti en nombre del Señor todopoderoso, el Dios de los ejércitos de Israel, a los que tú has desafiado. Ahora el Señor te entregará en mis manos, y hoy mismo te mataré y te cortaré la cabeza, y los cadáveres del ejército filisteo se los daré a las aves del cielo y a las fieras. Así todo el mundo sabrá que hay un Dios en Israel.

El filisteo se levantó y salió al encuentro de David, quien, a su vez, rápidamente se dispuso a hacer frente al filisteo: metió su mano en la bolsa, sacó una piedra y, arrojándola con la honda contra el filisteo, lo hirió en la frente. Con la piedra clavada en la frente, el filisteo cayó de cara al suelo. Así fue como David venció al filisteo. Con solo una honda y una piedra, David lo hirió de muerte. Y como no llevaba espada, corrió a ponerse al lado del filisteo y, apoderándose de su espada, la desenvainó y con ella lo remató. Después de esto, le cortó la cabeza.

Cuando los filisteos vieron muerto a su mejor guerrero, salieron huyendo. Entonces los hombres de Israel y de Judá, lanzando gritos de guerra, salieron a perseguirlos hasta la entrada de Gat y las puertas de Ecrón. Por todo el camino que va de Saaraim a Gat y Ecrón se veían cadáveres de soldados filisteos.

Yo voy contra ti en nombre del Señor todopoderoso

Para pensar

1. ¿Por qué pudo David vencer al gigante Goliat?
2. ¿Qué palabras de David muestran que él le dio la gloria a Dios por su victoria sobre Goliat, en vez de buscar su propia alabanza?
3. ¿Qué "gigantes" venció Jesús por ti? ¿Qué "gigantes" te ayudó Jesús a vencer?

Palabras para recordar

Al Señor le agradan los que le honran, los que confían en su amor. *Salmo 147.11*

Pecado y arrepentimiento de David

2 Samuel 11-12

En cierta ocasión, David envió a Joab y a sus oficiales, con todo el ejército israelita, y destruyeron a los amonitas. David, sin embargo, se quedó en Jerusalén. Una tarde, al pasearse por la azotea del palacio real, vio desde allí a una mujer muy hermosa que se estaba bañando. Esta mujer era esposa de Urías el hitita.

David ordenó a unos mensajeros que se la trajeran, y se acostó con ella, después de lo cual ella volvió a su casa. La mujer quedó embarazada, y así se lo hizo saber a David. Entonces David escribió una carta a Joab. En la carta decía: "Pongan a Urías en las primeras líneas, donde sea más dura la batalla, y luego déjenlo solo para que caiga herido y muera." Así pues, Joab puso a Urías en el lugar donde él sabía que estaban los soldados más valientes, y en un momento en que los que defendían la ciudad salieron para luchar contra Joab, cayeron en combate algunos de los oficiales de David, entre los cuales se encontraba Urías.

Cuando la mujer de Urías supo que su marido había muerto, guardó luto por él; pero después que pasó el luto, David la hizo su mujer y ella le dio un hijo. Pero al Señor no le agradó lo que David había hecho. El Señor envió al profeta Natán a ver a David. Cuando Natán se presentó ante él, le dijo: -En una ciudad había dos hombres. Uno era rico y el otro pobre. El rico tenía gran cantidad de ovejas y vacas, pero el pobre no tenía más que una ovejita que había comprado. Y él mismo la crió, y la ovejita creció en compañía suya y de sus hijos; comía de su misma comida, bebía en su mismo vaso y dormía en su pecho. ¡Aquel hombre la quería como una hija! Un día, un viajero vino a visitar al hombre rico; pero éste no quiso tomar ninguna de sus ovejas o vacas para preparar comida a su visitante, sino que le quitó al hombre pobre su ovejita y la preparó para dársela al que había llegado.

David se enfurció mucho contra aquel hombre, y le dijo a Natán: -¡Te juro por Dios que quien ha hecho tal cosa merece la muerte!

Entonces Natán dijo a David: -¡Tú eres ese hombre! Has asesinado a Urías el hitita, usando a los amonitas para matarlo, y te has apoderado de su mujer.

David admitió ante Natán: -He pecado contra el Señor.

Y Natán le respondió: -El Señor no te va a castigar a ti por tu pecado, y no morirás. Pero, como has ofendido gravemente al Señor, tu hijo recién nacido tendrá que morir.

He pecado contra el Señor

Para pensar

1. ¿Cómo respondió David cuando Natán lo confrontó con su pecado?
2. Después que David reconoció su pecado, ¿qué le dijo Natán?
3. Nosotros merecemos morir a causa de nuestros pecados. ¿Qué hizo Jesús por nosotros para perdonarnos?

Palabras para recordar

Por tu amor, oh Dios, ten compasión de mí; por tu gran ternura, borra mis culpas. *Salmo 51.1*

La rebelión de Absalón

2 Samuel 14-18

En todo Israel no había un hombre tan bien parecido como Absalón, y tan alabado por ello. De pies a cabeza no tenía defecto alguno. Se levantaba temprano y se ponía a la orilla del camino, a la entrada de la ciudad, y a todo el que llegaba para que el rey le hiciera justicia en algún pleito Absalón le decía: "Realmente tu demanda es justa y razonable, pero no hay quien te atienda por parte del rey." Y añadía: "¡Ojalá yo fuera el juez de este país!" Además, cuando alguien se acercaba a saludarlo, Absalón le tendía la mano, y lo abrazaba y lo besaba. Así les robaba el corazón a los israelitas.

Al cabo de cuatro años, Absalón le dijo al rey: -Ruego a Su Majestad que me permita ir a Hebrón, a cumplir la promesa que hice al Señor. -Puedes ir tranquilo -le respondió el rey. Entonces Absalón se fue a Hebrón. Pero al mismo tiempo envió unos mensajeros a todas las tribus de Israel para decirles que anunciaran que Absalón había sido proclamado rey en Hebrón. De modo que la conspiración iba tomando fuerza y seguían aumentando los seguidores de Absalón.

Un mensajero fue a decirle a David que los israelitas estaban haciéndose partidarios de Absalón. Entonces David ordenó a todos los oficiales que estaban con él en Jerusalén: -¡Huyamos ahora mismo! ¡Vamos, dense prisa, no sea que nos alcance y nos cause mucho daño! Mientras tanto, Absalón entró en Jerusalén acompañado por todos los israelitas. David llegó a Mahanaim en el momento en que Absalón cruzaba el Jordán con todos los israelitas. David pasó revista a su ejército. Además, ordenó a Joab que tratara con consideración al joven Absalón.

La batalla tuvo lugar en el bosque de Efraín, y los de Israel fueron derrotados por los seguidores de David. Absalón, que iba montado en un mulo, se metió debajo de una gran encina, se le quedó trabada la cabeza en las ramas, por lo que se quedó colgado en el aire, pues el mulo siguió de largo. Joab, tomando tres dardos, los clavó en el corazón de Absalón. Luego, diez asistentes de Joab rodearon a Absalón, y lo remataron.

El rey se conmovió, y subiendo al cuarto que estaba encima de la puerta, se echó a llorar. Y mientras caminaba, decía: "¡Absalón, hijo mío! ¡Absalón, hijo mío! ¡Ojalá yo hubiera muerto en tu lugar! ¡Hijo mío, Absalón, hijo mío!"

¡Absalón, hijo mío! ¡Ojalá yo hubiera muerto en tu lugar!

Para pensar

1. ¿Cómo pecó Absalón contra su padre?
2. ¿De qué formas te has rebelado tú contra tus padres? ¿Y contra tu Padre en el cielo?
3. David lloró por su rebelde hijo Absalón, y deseó haber muerto en su lugar. ¿Qué hizo nuestro Padre celestial a causa de nuestra rebelión contra él?

Palabras para recordar

¡Tú eres nuestro Padre! Aunque Abraham no nos reconozca, ni Israel se acuerde de nosotros, tú, Señor, eres nuestro Padre; desde siempre eres nuestro libertador. *Isaías 63.16*

Salomón y el templo

1 Reyes 3-8

Salomón amaba al Señor y cumplía las leyes establecidas por David su Padre. Una noche el Señor se le parececió en sueños a Salomón y le dijo: "Pídeme lo que quieras, y yo te lo daré." Salomón respondió: "Soy un muchacho joven[1] y sin experiencia. Dame, pues, un corazón atento para gobernar a tu pueblo, y para distinguir entre lo bueno y lo malo.

Al Señor le agradó que Salomón le hiciera tal petición, y le dijo: voy a hacer lo que me has pedido: yo te concedo sabiduría y además, te doy riquezas y esplendor, cosas que tú no pediste. Y si haces mi voluntad, y cumples mis leyes y mandamientos, te concederé una larga vida."

Salomón comenzó a construir el templo del Señor en el cuarto año de su reinado. Cuando lo terminó de construir llegaron todos los ancianos de Israel, y los sacerdotes tomaron el arca y lo trasladaron al interior del templo, hasta el Lugar Santísimo. Al salir los sacerdotes del Lugar Santo, la nube llenó el templo del Señor, y por causa de la nube los sacerdotes no pudieron quedarse para celebrar el culto, porque la gloria del Señor había llenado su templo.

Después se puso Salomón delante del altar del Señor, en presencia de toda la comunidad israelita, y extendiendo sus manos al cielo, exclamó: Si el cielo, en toda su inmensidad, no puede contenerte,[2] ¡cuánto menos este templo que he construido para ti! No obstante, Señor y Dios mío, atiende mi ruego. No dejes de mirar, ni de día ni de noche, este templo.

Escucha la oración que aquí te dirige este siervo tuyo. Escucha mis súplicas[3] y las de tu pueblo Israel cuando oremos hacia este lugar. Escúchalas en el cielo, lugar donde vives, y concédenos tu perdón. Cuando el enemigo derrote a tu pueblo Israel por haber pecado contra ti, cuando haya una sequía y no llueva porque el pueblo pecó contra ti, escúchalo tú desde el cielo y perdona el pecado de tus siervos. Aun si un extranjero, uno que no sea de tu pueblo, por causa de tu nombre viene de tierras lejanas y ora hacia este templo, escucha tú desde el cielo, desde el lugar donde habitas, y concédele todo lo que te pida, para que todas las naciones de la tierra te conozcan y te honren como lo hace tu pueblo Israel. Perdónale a tu pueblo sus pecados contra ti, y todas sus rebeliones contra ti.

Notas explicativas

[1]Salomón tenía 20 años cuando ocupó el trono. [2]El cielo no es suficientemente grande para abarcar a Dios. [3]Peticiones hechas con mucha humildad.

La gloria del Señor llenó el templo

Para pensar

1. ¿Cómo demostró Salomón su fe en Dios por medio de la petición que hizo?

2. La gloria del Señor llenó el templo que Salomón había hecho. ¿De qué manera la gloria del Señor llena nuestras iglesias cuando el pueblo de Dios se reúne para adorar?

3. ¿Por qué Dios, que según las palabras de Salomón es más grande que el cielo, escucha nuestras oraciones?

Palabras para recordar

Si a alguno de ustedes le falta sabiduría, pídasela a Dios, y él se la dará. *Santiago 1.5*

El profeta Elías

1 Reyes 16; 17

Acab comenzó a reinar en Israel, y construyó un templo y un altar a Baal[1] en Samaria. Pero su conducta fue reprobable a los ojos del Señor, e incluso peor que la de los reyes anteriores a él.

El profeta Elías dijo a Acab: "¡Juro por el Señor, Dios de Israel, a quien sirvo, que en estos años no lloverá, ni caerá rocío hasta que yo lo diga!" El Señor le dijo a Elías: "Vete de aquí, hacia el oriente, y escóndete en el arroyo Querit. Allí podrás beber agua del arroyo, y he ordenado a los cuervos que te lleven comida." Elías hizo lo que el Señor le ordenó, y los cuervos le llevaban pan y carne por la mañana y por la tarde. El agua la bebía del arroyo. Pero al cabo de unos días el arroyo se secó, porque no llovía en el país. Entonces el Señor le dijo a Elías: "Vete a la ciudad de Sarepta. Ya le he ordenado a una viuda que allí vive, que te dé de comer."

Elías se fue a Sarepta. Al llegar a la entrada de la ciudad, vio a una viuda que estaba recogiendo leña. La llamó y le dijo: -Por favor, tráeme en un vaso un poco de agua para beber. Ya iba ella a traérselo, cuando Elías la volvió a llamar y le dijo: -Por favor, tráeme también un pedazo de pan. Ella le contestó: -Te juro por el Señor tu Dios que no tengo nada de pan cocido. No tengo más que un puñado de harina en una tinaja y un poco de aceite en una jarra, y ahora estaba recogiendo un poco de leña para ir a cocinarlo para mi hijo y para mí. Comeremos, y después nos moriremos de hambre.

Elías le respondió: -No tengas miedo. Porque el Señor, Dios de Israel, ha dicho que no se acabará la harina de la tinaja ni el aceite de la jarra hasta el día en que el Señor haga llover sobre la tierra. La viuda y su hijo y Elías tuvieron comida para muchos días. No se acabó la harina de la tinaja ni el aceite de la jarra, tal como el Señor lo había dicho por medio de Elías.

Algún tiempo después cayó enfermo el hijo de la viuda, y su enfermedad fue gravísima, tanto que hasta dejó de respirar. Entonces la viuda le dijo a Elías: -¿Has venido a recordarme mis pecados y a hacer que mi hijo se muera? -Dame acá tu hijo -le respondió él. "Señor y Dios mío, ¡te ruego que devuelvas la vida a este niño!" El Señor atendió a los ruegos de Elías, e hizo que el niño reviviera.

Notas explicativas
[1] Un dios falso, un ídolo.

Los cuervos le llevaban pan y carne ...el agua la bebía del arroyo

Para pensar

1. ¿De qué manera proveyó Dios para su siervo Elías?
2. ¿Cómo demostró Dios su poder sobre la muerte? ¿Qué significa para nosotros la victoria de Jesús sobre la muerte?
3. ¿Cómo te ayuda Dios en tiempos de necesidad o en dificultades?

Palabras para recordar

El Señor cuida siempre de quienes le honran y confían en su amor, para salvarlos de la muerte y darles vida en épocas de hambre. *Salmo 33.18-19*

Elías y los profetas de Baal

1 Reyes 18

Entonces Elías, acercándose a todo el pueblo, dijo: -¿Hasta cuándo van a continuar ustedes con este doble juego? Si el Señor es el verdadero Dios, síganlo a él, y si Baal lo es, a él deberán seguirlo.

El pueblo no respondió palabra. Y Elías continuó diciendo: -que se nos den dos becerros, y que ellos escojan uno, y lo descuarticen y lo pongan sobre la leña, pero que no le prendan fuego. Yo, por mi parte, prepararé el otro becerro y lo pondré sobre la leña, pero tampoco le prenderé fuego. Luego ustedes invocarán a sus dioses, y yo invocaré al Señor, ¡y el dios que responda enviando fuego, ese es el Dios verdadero! -¡Buena propuesta! -respondió todo el pueblo.

Entonces Elías dijo a los profetas de Baal: -Escojan uno de los becerros, y prepárenlo. Y desde la mañana hasta el mediodía invocaron a Baal. Decían: "¡Contéstanos, Baal!" Pero no hubo ninguna respuesta. ¡Nadie contestó ni escuchó!

Entonces Elías dijo a toda la gente: -Acérquense a mí. Toda la gente se acercó a él, y él se puso a reparar el altar del Señor, que estaba derrumbado. Hizo luego una zanja alrededor del altar, y tras acomodar la leña, descuartizó el becerro y lo puso sobre ella. Luego dijo: -Llenen cuatro cántaros de agua, y vacíenlos sobre el holocausto y la leña. Luego mandó que lo hicieran por segunda y tercera vez, y así lo hicieron ellos. El agua corría alrededor del altar, y también llenó la zanja. A la hora de ofrecer el holocausto, el profeta Elías se acercó y exclamó: "¡Señor, Dios de Abraham, Isaac e Israel: haz que hoy se sepa que tú eres el Dios de Israel, y que yo soy tu siervo, y que hago todo esto porque me lo has mandado! ¡Respóndeme, Señor; respóndeme!

En aquel momento, el fuego del Señor cayó y quemó el holocausto, la leña y hasta las piedras y el polvo, y consumió el agua que había en la zanja. Al ver esto, toda la gente se inclinó hasta tocar el suelo con la frente, y dijo: "¡El Señor es Dios, el Señor es Dios!" Entonces Elías les dijo: -¡Atrapen a los profetas de Baal! ¡Que no escape ninguno! La gente los atrapó, y Elías los llevó al arroyo Quisón y allí los degolló.

El fuego del Señor cayó y quemó el holocausto, la leña y hasta las piedras y el polvo

Para pensar

1. ¿Qué falso dios adoraba la gente en los días de Elías? ¿En qué dioses falsos ponemos a veces nosotros nuestra confianza?

2. ¿Cómo mostró Dios su poder a la gente de la época de Elías? ¿Cómo mostró Jesús su poder sobre el pecado y la maldad?

3. Elías solo defendió al verdadero Dios. ¿Cuándo tenemos que tomar una decisión poco popular a causa de nuestra fe en Jesús?

Palabras para recordar

Adora al Señor tu Dios, y sírvele sólo a él. *Mateo 4.10*

El viñedo de Nabot

1 Reyes 21

Un hombre, llamado Nabot, tenía un viñedo junto al palacio de Acab, el rey de Samaria. Un día, Acab le dijo a Nabot: -Dame tu viñedo, ya que está al lado de mi palacio. A cambio de él te daré un viñedo mejor; o, si lo prefieres, te pagaré su valor en dinero. Pero Nabot respondió a Acab: -No permita Dios que yo te dé lo que he heredado de mis padres.

Acab se fue a su casa triste y malhumorado. Se acostó de cara a la pared, y no quiso comer. Entonces Jezabel, su mujer, le dijo: Anda, come y tranquilízate. ¡Yo voy a conseguirte el viñedo de Nabot! En seguida escribió ella cartas en nombre de Acab, y les puso el sello real; luego las envió a los ancianos y jefes que vivían en el mismo pueblo de Nabot. En las cartas les decía: "Anuncien ayuno[1] y sienten a Nabot delante del pueblo.[2] Luego sienten a dos testigos falsos delante de él y háganlos declarar en contra suya, afirmando que ha maldecido[3] a Dios y al rey. Después, sáquenlo y mátenlo a pedradas."

Los hombres del pueblo de Nabot hicieron lo que Jezabel les ordenó. Luego mandaron a decir a Jezabel que Nabot había sido apedreado y había muerto. En cuanto Jezabel lo supo, le dijo a Acab: -Ve y toma posesión del viñedo de Nabot. Ya no vive; ahora está muerto.

Entonces el Señor se dirigió a Elías y le dijo: "Ve en seguida a ver a Acab, rey de Israel. En este momento se encuentra en el viñedo de Nabot, del cual ha ido a tomar posesión. Le dirás: 'Así dice el Señor: Puesto que mataste a Nabot y le quitaste lo que era suyo, en el mismo lugar donde los perros lamieron su sangre, lamerán también la tuya.' "

En cuanto a Jezabel, el Señor ha dicho: 'Los perros se comerán a Jezabel en los campos de Jezreel.' Y al familiar tuyo que muera en la ciudad, se lo comerán los perros; y al que muera en el campo, se lo comerán las aves de rapiña.

Notas explicativas

[1]Como señal de que algo terrible había sucedido. [2]Así Nabot podía ser acusado rápida y abiertamente. [3]Blasfemar y maldecir a Dios era castigado con el apedreamiento hasta la muerte.

Acab se fue a su casa triste y malhumorado

Para pensar

1. Acab codició la propiedad de Nabot. Piensa en cómo la codicia llevó a Acab y a Jezabel a cometer otros pecados.

2. ¿Qué podemos aprender de esta historia acerca de las consecuencias del pecado?

3. En el Nuevo Testamento otro hombre inocente fue muerto para que muchos -incluidos tú y yo- puedan recibir una herencia inmerecida. Explica.

Palabras para recordar

Porque Dios no envió a su Hijo al mundo para condenar al mundo, sino para salvarlo. *Juan 3.17*

Elías asciende al cielo

2 Reyes 2

Cuando llegó el momento en que el Señor iba a llevarse a Elías al cielo en un torbellino, Elías y Eliseo salieron de Guilgal. Entonces Elías tomó su capa, la enrolló y golpeó el agua, y el agua se hizo a uno y otro lado, y los dos cruzaron el río como por terreno seco.

En cuanto cruzaron, dijo Elías a Eliseo: -Dime qué quieres que haga por ti antes que sea yo separado de tu lado. Eliseo respondió: -Quiero recibir una doble porción de tu espíritu. [1]-No es poco lo que pides -dijo Elías-. Pero si logras verme cuando sea yo separado de ti, te será concedido. De lo contrario, no se te concederá.

Y mientras ellos iban caminando y hablando, de pronto apareció un carro de fuego, con caballos también de fuego, que los separó, y Elías subió al cielo en un torbellino. Al ver esto, Eliseo gritó: "¡Padre mío, padre mío, que has sido para Israel como un poderoso ejército!" Después de esto no volvió a ver a Elías.

Entonces Eliseo tomó su ropa y la rasgó en dos. Luego recogió la capa que se le había caído a Elías, y regresó al Jordán y se detuvo en la orilla. Acto seguido, golpeó el agua con la capa, y exclamó: "¿Dónde está el Señor, el Dios de Elías?" Apenas había golpeado el agua, cuando ésta se hizo a uno y otro lado, y Eliseo volvió a cruzar el río.

Los profetas de Jericó, que estaban enfrente, dijeron al verlo: "¡El espíritu de Elías reposa ahora en Eliseo!"

Notas explicativas

[1]Eliseo deseaba el poder de Elías para poder hacer la obra de Dios lo mejor posible.

Al ver esto, Eliseo gritó: "¡Padre mío, padre mío!"

Para pensar

1. ¿Qué le pidió Eliseo a Elías?
2. ¿Cómo fue Elías al cielo?
3. ¿Cómo viene y obra el Espíritu de Dios en las vidas de las personas hoy en día?

Palabras para recordar

He peleado la buena batalla, he llegado al término de la carrera, me he mantenido en la fe. Por lo demás me espera la corona de justicia. *2 Timoteo 4.7-8 NVI*

Naamán y Eliseo

2 Reyes 5

Había un hombre llamado Naamán, jefe del ejército del rey de Siria, muy estimado y favorecido por su rey, pero estaba enfermo de lepra. En una de las correrías de los sirios contra los israelitas, una muchachita fue hecha cautiva, y se quedó al servicio de la mujer de Naamán. Esta muchachita dijo a su ama: -Si mi amo fuera a ver al profeta que está en Samaria, quedaría curado de su lepra.

Entonces Naamán se fue. Tomó treinta mil monedas de plata, seis mil monedas de oro y diez mudas de ropa. Naamán fue, con su carro y sus caballos, y se detuvo a la puerta de la casa de Eliseo. Pero Eliseo envió un mensajero a que le dijera: "Ve y lávate siete veces en el río Jordán, y tu cuerpo quedará limpio[1] de la lepra." Naamán se enfureció, y se fue diciendo: ¿No son los ríos de Damasco mejores que todos los ríos de Israel? Y muy enojado se fue de allí. Pero sus criados se acercaron a él y le dijeron: -Señor, si el profeta le hubiera mandado hacer algo difícil, ¿no lo habría hecho usted?

Naamán fue y se sumergió siete veces en el Jordán, según se lo había ordenado el profeta, y quedó limpio. Entonces él y todos sus acompañantes fueron a ver a Eliseo. Al llegar ante él, Naamán le dijo: -¡Ahora estoy convencido de que en toda la tierra no hay Dios, sino solo en Israel! Por lo tanto, te ruego que aceptes un regalo de este servidor tuyo. Pero Eliseo le contestó: -Juro por el Señor, que me está viendo, que no lo aceptaré. Y aunque Naamán insistió, Eliseo se negó a aceptarlo.

Naamán se fue de allí. Giezi, el criado del profeta Eliseo se fue tras Naamán. -Mi amo me ha enviado a decirle a usted que acaban de llegar dos profetas jóvenes, que vienen de los montes de Efraín, y ruega a usted que les dé tres mil monedas de plata y dos mudas de ropa. Naamán respondió: -Por favor, toma seis mil monedas de plata. Giezi tomó la plata que llevaban los criados, la guardó en la casa y los despidió. Luego fue y se presentó ante su amo, y Eliseo le preguntó: -¿De dónde vienes, Giezi? -Yo no he ido a ninguna parte -contestó Giezi. Pero Eliseo insistió: Este no es el momento de recibir dinero y mudas de ropa. Por lo tanto, la lepra de Naamán se te pegará a ti y a tu descendencia para siempre. Y cuando Giezi se separó de Eliseo, estaba tan leproso que se veía blanco como la nieve.

Notas explicativas
[1] Sanado.

Si mi amo fuera a ver al profeta que está en Samaria...

Para pensar

1. ¿Cómo compartió la muchachita el amor de Dios con aquellos que la tenían cautiva?
2. ¿Cómo fue curado Nahamán de su lepra?
3. ¿Cómo somos nosotros "curados" de la enfermedad del pecado?

Palabras para recordar

Por medio del lavamiento nos ha hecho nacer de nuevo; por medio del Espíritu Santo nos ha dado nueva vida; y por medio de nuestro Salvador Jesucristo nos ha dado vida en abundancia. *Tito 3.5-6*

Dios envía a Jonás

Jonás 1-3

El Señor se dirigió a Jonás, hijo de Amitai, y le dijo: "Anda, vete a la gran ciudad de Nínive y anuncia que voy a destruirla, porque hasta mí ha llegado la noticia de su maldad." Pero Jonás, en lugar de obedecer, trató de huir del Señor, y se fue al puerto de Jope, donde encontró un barco que estaba a punto de salir para Tarsis;[1] entonces compró pasaje y se embarcó para ir allá.

Pero el Señor hizo que soplara un viento muy fuerte, y se levantó en alta mar una tempestad tan violenta que parecía que el barco iba a hacerse pedazos. -¿Qué podemos hacer contigo para que el mar se calme? -Pues échenme al mar, y el mar se calmará -contestó Jonás-. Yo sé bien que soy el culpable de que esta tremenda tempestad se les haya venido encima.

Dicho esto, echaron a Jonás al mar, y el mar se calmó. Entre tanto, el Señor había dispuesto un enorme pez para que se tragara a Jonás. Y Jonás pasó tres días y tres noches dentro del pez. Entonces Jonás oró al Señor su Dios desde dentro del pez, diciendo: "En mi angustia clamé a ti, Señor, y tú me respondiste. Desde las profundidades de la muerte clamé a ti, y tú me oíste.

Entonces el Señor dispuso que el pez vomitara a Jonás en tierra firme. El Señor se dirigió por segunda vez a Jonás, y le dijo: "Anda, vete a la gran ciudad de Nínive y anuncia lo que te voy a decir." Jonás se puso en marcha y fue a Nínive, como el Señor se lo había ordenado. Nínive era una ciudad tan grande que para recorrerla toda había que caminar tres días. Jonás entró en la ciudad y caminó todo un día, diciendo a grandes voces: "¡Dentro de cuarenta días Nínive será destruida!"

Los habitantes de la ciudad, grandes y pequeños, creyeron en Dios, proclamaron ayuno[2] y se pusieron ropas ásperas en señal de dolor. Dios vio lo que hacía la gente de Nínive y cómo dejaba su mala conducta, y decidió no hacerles el daño que les había anunciado.

Notas explicativas

[1]Quizás una antigua ciudad en la actual España. [2]Un día de arrepentimiento y lamentación, donde no se permitía comer ni beber.

En mi angustia clamé a ti, Señor

Para pensar

1. ¿Por qué huyó Jonas del Señor?
2. ¿Cómo demostró Dios su bondad a Jonás a pesar de su desobediencia?
3. Jesús vino a la tierra a morir por nuestros pecados y ganarnos la salvación.
   ¿Cómo se compara la muerte y resurrección de Jesús a la experiencia de
   Jonás adentro del gran pez?

Palabras para recordar

Así como Jonás estuvo tres días y tres noches dentro del gran pez, así también
el Hijo del hombre estará tres días y tres noches dentro de la tierra. *Mateo 12.40*

Jeremías

Jeremías 37-38

El Señor se dirigió al profeta Jeremías, y le ordenó decir de parte suya a los enviados: "Digan al rey de Judá, que los envió a consultarme, que el ejército del faraón, que se había puesto en camino para ayudarlos, ha regresado a Egipto. Los caldeos volverán para atacar la ciudad de Jerusalén, y la tomarán y le prenderán fuego.

Entonces los funcionarios dijeron al rey: -Hay que matar a este hombre, pues con sus palabras desmoraliza a los soldados que aún quedan en la ciudad, y a toda la gente. Este hombre no busca el bien del pueblo, sino su mal. El rey Sedequías les respondió: -Está bien, hagan con él lo que quieran. Yo nada puedo contra ustedes.

Entonces ellos se apoderaron de Jeremías y lo echaron en la cisterna[1] del príncipe Malquías, que se encontraba en el patio de la guardia. Lo bajaron con sogas, y como en la cisterna no había agua, sino lodo, Jeremías se hundió en él.

Un etíope llamado Ebed-melec[2], que era hombre de confianza en el palacio real, oyó decir que habían echado a Jeremías en la cisterna. Por aquel tiempo, el rey estaba en una sesión en la Puerta de Benjamín. Entonces Ebed-melec salió del palacio real y fue a decirle al rey: -Majestad, lo que esos hombres han hecho con Jeremías es un crimen. Lo han echado en una cisterna, y ahí se está muriendo de hambre, porque ya no hay pan en la ciudad.

En seguida el rey ordenó a Ebed-melec que se llevara con él a treinta hombres para sacar a Jeremías de la cisterna, antes que muriera. Ebed-melec se llevó a los hombres, fue al depósito de ropa del palacio y tomó de allí unos trapos viejos, se los bajó con sogas a Jeremías en la cisterna, y le dijo: -Ponte esos trapos bajo los brazos, para que las sogas no te lastimen. Jeremías lo hizo así. Entonces los hombres tiraron de las sogas y lo sacaron de allí. Después de esto, Jeremías se quedó en el patio de la guardia.

Notas explicativas

[1]Un pozo en la tierra para almacenar agua. [2]Ebed-melec significa "servidor del rey".

Tiraron de las sogas y lo sacaron de allí

Para pensar

1. ¿Por qué arrojaron a Jeremías en la cisterna?

2. ¿Por qué quiso Ebed-melec ayudar a Jeremías?

3. ¿Cómo te ha rescatado Jesús en tus dificultades?

Palabras para recordar

Me hallé preso del miedo y del dolor. Entonces invoqué el nombre del Señor y le rogué que me salvara la vida. *Salmo 116.3-4*

Los tres hombres en el horno de fuego

Daniel 3

El rey Nabucodonosor mandó hacer una estatua de oro. Después mandó llamar a todos los gobernadores para que asistieran a la dedicación de la estatua. El encargado ordenó en voz alta: "Atención, hombres de todos los pueblos: En cuanto oigan ustedes tocar los instrumentos musicales, se pondrán de rodillas y adorarán a la estatua de oro que hizo construir el rey Nabucodonosor. Todo aquel que no se arrodille y adore a la estatua, será arrojado inmediatamente a un horno encendido."

Así pues, la multitud allí reunida se puso de rodillas y adoró a la estatua de oro. Unos caldeos aprovecharon esta oportunidad para acusar a los judíos ante el rey Nabucodonosor, diciendo: Hay unos judíos que no adoran a la estatua de oro que Su Majestad ha mandado levantar. Ellos son Sadrac, Mesac y Abed-nego. Nabucodonosor se puso muy furioso, y mandó que llevaran ante él a Sadrac, Mesac y Abed-nego. Y cuando ya estaban en su presencia, les dijo: si no la adoran, ahora mismo serán arrojados a un horno encendido; y entonces, ¿qué dios podrá salvarlos?

Nuestro Dios, a quien adoramos, puede librarnos de las llamas del horno. Pero, aun si no lo hiciera, sepa bien Su Majestad que no nos arrodillaremos ante la estatua de oro.

Al oir Nabucodonosor estas palabras, la cara se le puso roja de rabia contra los tres jóvenes. Entonces ordenó que se calentara el horno siete veces más de lo acostumbrado; luego mandó que algunos de los soldados más fuertes de su ejército ataran a Sadrac, Mesac y Abed-nego, y que los arrojaran a las llamas del horno. Entonces Nabucodonosor se levantó rápidamente, y muy asombrado dijo a los consejeros de su gobierno: -¿No arrojamos al fuego a tres hombres atados? Pues yo veo cuatro hombres desatados, que caminan en medio del fuego sin que les pase nada, y el cuarto hombre tiene el aspecto de un ángel. Y diciendo esto, Nabucodonosor se acercó a la boca del horno y gritó: -¡Siervos del Dios altísimo, salgan y vengan aquí!

Los tres salieron de entre las llamas, y ni un pelo de la cabeza se les había chamuscado ni sus vestidos se habían estropeado, y que ni siquiera olían a quemado. En ese momento Nabucodonosor exclamó: "¡Alabado sea el Dios de Sadrac, Mesac y Abed-nego, que envió a su ángel para salvar a sus siervos fieles."

Nuestro Dios, a quien adoramos, puede librarnos

Para pensar

1. ¿Cómo vivieron su fe en el único Dios verdadero Sadrac, Mesac y Abednego?
2. ¿Cómo salvó Dios a los tres jóvenes que confiaron en él?
3. ¿Qué tentaciones enfrentas que te hacen negar tu fe en Jesús? ¿De qué manera Jesús te rescata?

Palabras para recordar

Después que ustedes hayan sufrido por un poco de tiempo, Dios los hará perfectos, firmes, fuertes y seguros. *1 Pedro 5.10*

Daniel en el foso de los leones

Daniel 6

El rey Darío decidió nombrar ciento veinte gobernadores regionales para que se encargaran de las distintas partes del reino. Al frente de ellos puso tres supervisores para que vigilaran la administración de los gobernadores. Uno de los supervisores era Daniel, quien pronto se distinguió de los otros por su gran capacidad; por eso el rey pensó en ponerlo al frente del gobierno de la nación.

Los supervisores buscaron entonces un motivo para acusarlo de mala administración, pero no le encontraron ninguna falta. Sin embargo, siguieron pensando en el asunto, y dijeron: "No encontraremos ningún motivo para acusar a Daniel, a no ser algo que tenga que ver con su religión." Así pues, los supervisores se pusieron de acuerdo para ir a hablar con el rey Darío, y le dijeron: -Todas las autoridades que gobiernan la nación acordaron la publicación de un decreto[1] real ordenando que, durante treinta días, nadie dirija una súplica a ningún dios ni hombre, sino solo a Su Majestad. El que no obedezca, deberá ser arrojado al foso de los leones.

Ante esto, el rey Darío firmó el decreto. Y cuando Daniel supo que el decreto había sido firmado, se fue a su casa, abrió las ventanas de su dormitorio y se arrodilló para orar y alabar a Dios. Esto lo hacía tres veces al día, tal como siempre lo había hecho. Entonces aquellos hombres entraron diciendo: -Daniel no muestra ningún respeto por Su Majestad, ya que lo hemos visto hacer su oración tres veces al día. Al oir esto, el rey quedó muy triste, y buscó la manera de salvar a Daniel, pero aquellos hombres le dijeron: -Su Majestad sabe bien que ninguna prohibición o decreto firmado por el rey puede ser anulado.

Entonces el rey ordenó que trajeran a Daniel y lo echaran al foso de los leones. Pero antes el rey le dijo a Daniel: -¡Que tu Dios, a quien sirves con tanta fidelidad, te salve! Después el rey se fue a su palacio y se acostó sin cenar, y no pudo dormir. Tan pronto como amaneció fue a toda prisa al foso de los leones. Cuando el rey estuvo cerca, llamó a Daniel: -Daniel, ¿pudo tu Dios, librarte de los leones? Y Daniel le respondió: Mi Dios envió su ángel, el cual cerró la boca de los leones para que no me hicieran ningún daño. El rey se alegró mucho y ordenó que sacaran del foso a Daniel. Entonces el rey Darío escribió a la gente: "Ordeno que se respete y reverencie al Dios de Daniel. Porque él es el Dios viviente, y permanece para siempre."

Notas explicativas

[1] Una orden que tiene fuerza de ley.

Dios envió su ángel, el cual cerró la boca de los leones

Para pensar

1. ¿Por qué los supervisores buscaron la forma de encontrar fallas en Daniel?
2. ¿Cómo protegió Dios a Daniel?
3. ¿Crees que Daniel tenía miedo? ¿Por qué no debemos tener miedo cuando estamos en situaciones que asustan?

Palabras para recordar

No tengas miedo, pues yo estoy contigo; no temas, pues yo soy tu Dios. Yo te doy fuerzas, yo te ayudo, yo te sostengo con mi mano victoriosa. *Isaías 41.10*

Un mensaje para Zacarías

Lucas 1

En el tiempo en que Herodes era rey del país de los judíos, vivía un sacerdote llamado Zacarías, perteneciente al turno de Abías. Su esposa, llamada Isabel, descendía de Aarón. Los dos eran justos delante de Dios y obedecían los mandatos y leyes del Señor de manera intachable. Pero no tenían hijos, porque Isabel era estéril; además, los dos eran ya muy ancianos.

Un día en que al grupo sacerdotal de Zacarías le tocó el turno de oficiar delante de Dios, según era costumbre entre los sacerdotes, le tocó en suerte a Zacarías entrar en el santuario del templo del Señor para quemar incienso.[1] Mientras se quemaba el incienso, todo el pueblo estaba orando afuera. En esto se le apareció a Zacarías un ángel del Señor, de pie al lado derecho del altar del incienso.

Al ver al ángel, Zacarías se quedó sorprendido y lleno de miedo. Pero el ángel le dijo: -Zacarías, no tengas miedo, porque Dios ha oído tu oración, y tu esposa Isabel te va a dar un hijo, al que pondrás por nombre Juan. Tú te llenarás de gozo, y muchos se alegrarán de su nacimiento, porque tu hijo va a ser grande delante del Señor. No tomará vino ni licor, y estará lleno del Espíritu Santo desde antes de nacer. Hará que muchos de la nación de Israel se vuelvan al Señor su Dios. Este Juan irá delante del Señor, con el espíritu y el poder del profeta Elías, para reconciliar a los padres con los hijos y para que los rebeldes aprendan a obedecer. De este modo preparará al pueblo para recibir al Señor.[2]

Zacarías preguntó al ángel: -¿Cómo puedo estar seguro de esto? Porque yo soy muy anciano y mi esposa también. El ángel le contestó: -Yo soy Gabriel, y estoy al servicio de Dios; él me mandó a hablar contigo y darte estas buenas noticias. Pero ahora, como no has creído lo que te he dicho, vas a quedarte mudo; no podrás hablar hasta que, a su debido tiempo, suceda todo esto. Mientras tanto, la gente estaba afuera esperando a Zacarías y preguntándose por qué tardaba tanto en salir del santuario. Cuando al fin salió, no les podía hablar; entonces se dieron cuenta de que había tenido una visión en el santuario, pues les hablaba por señas; y siguió así, sin poder hablar.

Notas explicativas

[1]Hecho con sabia de árboles, fue prescripto para la ofrenda en Éxodo 30.34-36. Despide un aroma agradable cuando se lo quema. [2]Con su predicación Juan prepararía a la gente para la llegada del Salvador.

Dios me mandó a darte estas buenas noticias

Para pensar

1. ¿Cuál fue la buena noticia de Dios a Zacarías? ¿Por qué era esa buena noticia algo tan inusual?

2. ¿Qué le dijo Gabriel a Zacarías acerca de la misión de Juan?

3. ¿Qué buenas noticias te dio Dios a ti? ¿Cómo puedes estar seguro de esa buena noticia?

Palabras para recordar

Voy a enviar mi mensajero para que me prepare el camino. *Malaquías 3.1*

El anuncio a María

Mateo 1; Lucas 1

A los seis meses,[1] Dios mandó al ángel Gabriel a un pueblo de Galilea llamado Nazaret, donde vivía una joven llamada María; era virgen, pero estaba comprometida para casarse con un hombre llamado José, descendiente del rey David.

El ángel entró en el lugar donde ella estaba, y le dijo: -¡Salve, llena de gracia! El Señor está contigo. María se sorprendió de estas palabras, y se preguntaba qué significaría aquel saludo. El ángel le dijo: -María, no tengas miedo, pues tú gozas del favor[2] de Dios. Ahora vas a quedar encinta: tendrás un hijo, y le pondrás por nombre Jesús. Será un gran hombre, al que llamarán Hijo del Dios altísimo, y Dios el Señor lo hará Rey, como a su antepasado David, para que reine por siempre sobre el pueblo de Jacob. Su reinado no tendrá fin.

María preguntó al ángel: -¿Cómo podrá suceder esto, si no vivo con ningún hombre? El ángel le contestó: -El Espíritu Santo vendrá sobre ti, y el poder del Dios altísimo se posará sobre ti. Por eso, el niño que va a nacer será llamado Santo e Hijo de Dios. También tu parienta Isabel va a tener un hijo, a pesar de que es anciana; la que decían que no podía tener hijos, está encinta desde hace seis meses. Para Dios no hay nada imposible.

Entonces María dijo: -Yo soy esclava del Señor; que Dios haga conmigo como me has dicho. Con esto, el ángel se fue. Ya había pensado hacerlo así, cuando un ángel del Señor se le apareció en sueños y le dijo: "José, descendiente de David, no tengas miedo de tomar a María por esposa, porque su hijo lo ha concebido por el poder del Espíritu Santo. María tendrá un hijo, y le pondrás por nombre Jesús. Se llamará así porque salvará a su pueblo de sus pecados."

Todo esto sucedió para que se cumpliera lo que el Señor había dicho por medio del profeta: "La virgen quedará encinta y tendrá un hijo, al que pondrán por nombre Emanuel" (que significa: "Dios con nosotros"). Cuando José despertó del sueño, hizo lo que el ángel del Señor le había mandado, y tomó a María por esposa.

Notas explicativas

[1]Seis meses después de habérsele aparecido a Zacarías. [2]Es honrada por Dios.

Yo soy esclava del Señor

Para pensar

1. ¿Cuál fue el mensaje de Gabriel a María?

2. El ángel del Señor se le apareció a José en un sueño y le dijo que al bebé de María lo nombrara Jesús (Mateo 2). ¿Qué significa el nombre Jesús?

3. Uno de los nombres que se le dieron a Jesús es Emanuel, que significa "Dios con nosotros". ¿Cómo es Jesús "Dios con nosotros"?

Palabras para recordar

La joven está encinta y va a tener un hijo, al que pondrá por nombre Emanuel.
Isaías 7.14

El nacimiento de Juan el Bautista

Lucas 1

Al cumplirse el tiempo en que Isabel debía dar a luz, tuvo un hijo. Sus vecinos y parientes fueron a felicitarla cuando supieron que el Señor había sido tan bueno con ella.

A los ocho días, llevaron a circuncidar[1] al niño, y querían ponerle el nombre de su padre, Zacarías. Pero su madre dijo: -No. Tiene que llamarse Juan. Le contestaron: -No hay nadie en tu familia con ese nombre.

Entonces preguntaron por señas al padre del niño, para saber qué nombre quería ponerle. El padre pidió una tabla para escribir[2], y escribió: 'Su nombre es Juan.' Y todos se quedaron admirados.

En aquel mismo momento Zacarías volvió a hablar, y comenzó a alabar a Dios. Todos los vecinos estaban asombrados, y en toda la región montañosa de Judea se contaba lo sucedido. Todos los que lo oían se preguntaban a sí mismos: "¿Qué llegará a ser este niño?" Porque ciertamente el Señor mostraba su poder en favor de él. Zacarías, el padre del niño, lleno del Espíritu Santo y hablando proféticamente,[3] dijo: "¡Bendito sea el Señor, Dios de Israel, porque ha venido a rescatar a su pueblo![4] En cuanto a ti, hijito mío, serás llamado profeta del Dios altísimo, porque irás delante del Señor[5] preparando sus caminos, para hacer saber a su pueblo que Dios les perdona sus pecados y les da la salvación.

El niño crecía y se hacía fuerte espiritualmente, y vivió en los desiertos hasta el día en que se dio a conocer a los israelitas.

Notas explicativas

[1]De acuerdo al mandamiento de Dios; ver Génesis 17.10-14. [2]Una tabla pequeña cubierta de cera sobre la que se escribía con una palillo. [3]Anunció lo que iba a suceder. [4]Por medio de Jesús, el Salvador. [5]Delante de Jesús.

Escribió: "Su nombre es Juan"

Para pensar

1. ¿Por qué estaban todos sorprendidos que Isabel y Zacarías nombraran Juan a su hijo?

2. ¿Cuándo recuperó Zacarías el habla? ¿Qué dijo Zacarías después que pudo hablar?

3. ¿Cómo ha redimido Dios a su pueblo, incluidos tú y yo?

Palabras para recordar

La palabra del Señor es verdadera. *Salmo 33.4*

El nacimiento de Jesús[1]

Lucas 2

Por aquel tiempo, el emperador Augusto[2] ordenó que se hiciera un censo[3] de todo el mundo.

Este primer censo fue hecho siendo Quirinio gobernador de Siria. Todos tenían que ir a inscribirse a su propio pueblo. Por esto, José salió del pueblo de Nazaret, de la región de Galilea, y se fue a Belén, en Judea, donde había nacido el rey David, porque José era descendiente de David.

Fue allá a inscribirse, junto con María, su esposa, que se encontraba encinta.

Y sucedió que mientras estaban en Belén, le llegó a María el tiempo de dar a luz.

Y allí nació su hijo primogénito, y lo envolvió en pañales y lo acostó en el establo, porque no había alojamiento para ellos en el mesón.

Notas explicativas

[1]La llegada del Salvador fue profetizada miles de años antes de su nacimiento; ver Génesis 3.15. Los profetas del Antiguo Testamento hablaron de su venida y dijeron que su madre sería una virgen. Incluso uno de ellos profetizó que el Salvador nacería en la ciudad de Belén. [2]El gran emperador romano. [3]La gente tenía que registrarse.

Lo envolvió en pañales y lo acostó en el establo

Para pensar

1. ¿Cómo fue que el Hijo de Dios nació en Belén cuando en realidad María y José vivían en Nazaret de Galilea?
2. La primera cama de Jesús fue en un establo. ¿Qué te dice esto acerca del Hijo de Dios?
3. ¿Por qué esta simple historia nos trae tanta alegría a los cristianos?

Palabras para recordar

Nos ha nacido un niño, Dios nos ha dado un hijo. *Isaías 9.6*

Los ángeles anuncian el nacimiento del Salvador

Lucas 2

Cerca de Belén había unos pastores que pasaban la noche en el campo cuidando sus ovejas. De pronto se les apareció un ángel del Señor, y la gloria del Señor brilló alrededor de ellos; y tuvieron mucho miedo. Pero el ángel les dijo: "No tengan miedo, porque les traigo una buena noticia, que será motivo de gran alegría para todos: Hoy les ha nacido en el pueblo de David un salvador, que es el Mesías[1], el Señor[2]. Como señal, encontrarán ustedes al niño envuelto en pañales y acostado en un establo."

En aquel momento aparecieron, junto al ángel, muchos otros ángeles del cielo, que alababan a Dios y decían: "¡Gloria a Dios en las alturas! ¡Paz en la tierra entre los hombres que gozan de su favor!"

Cuando los ángeles se volvieron al cielo, los pastores comenzaron a decirse unos a otros: -Vamos, pues, a Belén, a ver esto que ha sucedido y que el Señor nos ha anunciado.

Fueron de prisa y encontraron a María y a José, y al niño acostado en el establo. Cuando lo vieron, se pusieron a contar lo que el ángel les había dicho acerca del niño, y todos los que lo oyeron se admiraban de lo que decían los pastores.

María guardaba todo esto en su corazón, y lo tenía muy presente.[3]

Notas explicativas

[1]El Cristo, el Ungido. [2]Dios mismo. [3]Pensaba sobre todo eso.

La gloria del Señor brilló alrededor de ellos

Para pensar

1. De acuerdo al mensaje de los ángeles, ¿para quién vino el Salvador?
2. Los ángeles anunciaron a los pastores la buena noticia. ¿Cómo respondieron los pastores?
3. ¿Cuál es tu reacción ante la noticia del nacimiento de Jesús? ¿Por qué?

Palabras para recordar

Pues Dios amó tanto al mundo, que dio a su Hijo único, para que todo aquel que cree en él no muera, sino que tenga vida eterna. *Juan 3.16*

117

La presentación de Jesús

Lucas 2

A los ocho días circuncidaron[1] al niño, y le pusieron por nombre Jesús,[2] el mismo nombre que el ángel le había dicho a María antes que ella estuviera encinta. Cuando se cumplieron los días en que ellos debían purificarse[3] según la ley de Moisés, llevaron al niño a Jerusalén para presentárselo al Señor.[4] Lo hicieron así porque en la ley del Señor está escrito: "Todo primer hijo varón será consagrado al Señor." Fueron, pues, a ofrecer en sacrificio lo que manda la ley del Señor: un par de tórtolas o dos pichones de paloma[5]

En aquel tiempo vivía en Jerusalén un hombre que se llamaba Simeón. Era un hombre justo y piadoso,[6] que esperaba la restauración[7] de Israel. El Espíritu Santo estaba con Simeón, y le había hecho saber que no moriría sin ver antes al Mesías, a quien el Señor enviaría.

Guiado por el Espíritu Santo, Simeón fue al templo; y cuando los padres del niño Jesús lo llevaron también a él, para cumplir con lo que la ley ordenaba, Simeón lo tomó en brazos y alabó a Dios, diciendo: "Ahora, Señor, tu promesa está cumplida: puedes dejar que tu siervo muera en paz. Porque ya he visto la salvación que has comenzado a realizar a la vista de todos los pueblos, la luz que alumbrará a las naciones y que será la gloria de tu pueblo Israel."

El padre y la madre de Jesús se quedaron admirados al oír lo que Simeón decía del niño.

También estaba allí una profetisa llamada Ana, hacía ya ochenta y cuatro años que se había quedado viuda. Nunca salía del templo, sino que servía día y noche al Señor, con ayunos y oraciones. Ana se presentó en aquel mismo momento, y comenzó a dar gracias a Dios y a hablar del niño Jesús a todos los que esperaban la liberación de Jerusalén.

Notas explicativas

[1] La ley de Moisés ordenaba que todos los niños varones fueran circuncidados al octavo día; ver Levítico 12.1-3. [2] Significa Salvador. [3] La purificación duraba cuarenta días después del nacimiento del niño; ver Levítico 12.2-4. [4] Ordenado en Levítico 12.2-4. [5] Ver Levítico 12.6, 8. [6] Temeroso de Dios. [7] Esperaba el Salvador prometido.

Simeón lo tomó en brazos y alabó a Dios

Para pensar

1. ¿Para qué llevaron María y José a Jesús al templo?
2. ¿Por qué Simeón y Ana bendijeron y agradecieron al Señor?
3. Simeón dijo que ahora podía morir en paz. ¿Por qué podemos nosotros tener paz en Jesús aún ante la muerte?

Palabras para recordar

Cuando se cumplió el tiempo, Dios envió a su Hijo, que nació de una mujer, sometido a la ley de Moisés. *Gálatas 4.4*

119

Los sabios del Oriente

Mateo 2

Jesús nació en Belén, un pueblo de la región de Judea, en el tiempo en que Herodes era rey del país. Llegaron por entonces a Jerusalén unos sabios[1] del Oriente[2] que se dedicaban al estudio de las estrellas, y preguntaron: -¿Dónde está el rey de los judíos que ha nacido? Pues vimos salir su estrella y hemos venido a adorarlo.

El rey Herodes se inquietó[3] mucho al oír esto, y lo mismo les pasó a todos los habitantes de Jerusalén. Mandó el rey llamar a todos los jefes de los sacerdotes y a los maestros de la ley, y les preguntó dónde había de nacer el Mesías. Ellos le dijeron: -En Belén de Judea; porque así lo escribió el profeta: 'En cuanto a ti, Belén, de la tierra de Judá, no eres la más pequeña entre las principales ciudades de esa tierra; porque de ti saldrá un gobernante que guiará a mi pueblo Israel.'[4]

Entonces Herodes llamó en secreto a los sabios, y se informó por ellos del tiempo exacto en que había aparecido la estrella. Luego los mandó a Belén, y les dijo: -Vayan allá, y averigüen todo lo que puedan acerca de ese niño; y cuando lo encuentren, avísenme, para que yo también vaya a rendirle homenaje.

Con estas indicaciones del rey, los sabios se fueron. Y la estrella que habían visto salir iba delante de ellos, hasta que por fin se detuvo sobre el lugar donde estaba el niño. Cuando los sabios vieron la estrella, se alegraron mucho. Luego entraron en la casa, y vieron al niño con María, su madre; y arrodillándose le rindieron homenaje. Abrieron sus cofres y le ofrecieron oro, incienso y mirra.[5]

Después, advertidos en sueños de que no debían volver a donde estaba Herodes, regresaron a su tierra por otro camino.

Notas explicativas

[1]Investigadores. Las palabras de Simeón, de que Jesús sería "la luz que alumbraría a las naciones", se estaban cumpliendo. [2]Al este de Palestina, quizás de Persia o del sur de Arabia. [3]Tuvo miedo. [4]Miqueas 5.2. [5]Regalo adecuado para un rey. Más tarde se usó mirra sobre el cuerpo de Jesús después que fue crucificado.

Entraron en la casa, y vieron al niño

Para pensar

1. ¿Cómo supo Herodes el lugar del nacimiento del Salvador?
2. ¿Qué significa para los no judíos la visita de los sabios?
3. ¿Por qué se alegraron mucho los sabios cuando volvieron a ver la estrella?
   ¿Tenemos también nosotros los mismos motivos para alegrarnos mucho?

Palabras para recordar

Las naciones vendrán hacia tu luz, los reyes vendrán hacia el resplandor de tu amanecer. *Isaías 60.3*

La huida a Egipto

Mateo 2

Cuando ya los sabios se habían ido, un ángel del Señor se le apareció en sueños a José, y le dijo: "Levántate, toma al niño y a su madre, y huye a Egipto. Quédate allí hasta que yo te avise, porque Herodes va a buscar al niño para matarlo."[1]

José se levantó, tomó al niño y a su madre, y salió con ellos de noche camino de Egipto, donde estuvieron hasta que murió Herodes. Esto sucedió para que se cumpliera lo que el Señor había dicho por medio del profeta: "De Egipto llamé a mi Hijo."[2]

Al darse cuenta Herodes de que aquellos sabios lo habían engañado, se llenó de ira y mandó matar a todos los niños de dos años para abajo que vivían en Belén y sus alrededores, de acuerdo con el tiempo que le habían dicho los sabios. Así se cumplió lo escrito por el profeta Jeremías: "Se oyó una voz en Ramá, llantos y grandes lamentos. Era Raquel, que lloraba por sus hijos y no quería ser consolada porque ya estaban muertos."

Pero después que murió Herodes, un ángel del Señor se le apareció en sueños a José, en Egipto, y le dijo: "Levántate, toma contigo al niño y a su madre, y regresa a Israel, porque ya han muerto los que querían matar al niño."

Entonces José se levantó y llevó al niño y a su madre a Israel. Pero cuando supo que Arquelao estaba gobernando en Judea en lugar de su padre Herodes, tuvo miedo de ir allá; y habiendo sido advertido en sueños por Dios, se dirigió a la región de Galilea. Al llegar, se fue a vivir al pueblo de Nazaret.

Esto sucedió para que se cumpliera lo que dijeron los profetas: que Jesús sería llamado nazareno.

Notas explicativas

[1]Jesús vino a este mundo pecador para salvar a todos los hombres, porque todos los hombres son pecadores. Cuando nació en Belén, algunos vinieron a honrarlo; pero otros demostraron ser sus más amargos enemigos, que aun quisieron matarlo. [2]Ver Oseas 11.1.

José se levantó, tomó al niño y a su madre, y salió con ellos de noche

Para pensar

1. ¿Cómo cuidó Dios a su Hijo?
2. ¿Por qué quería Herodes encontrar y matar a Jesús? ¿Cómo guió Dios a los sabios para engañar a Herodes?
3 Por fe, también nosotros somos hijos de Dios. ¿Cómo nos cuida Dios?

Palabras para recordar

Miren cuánto nos ama Dios el Padre, que se nos puede llamar hijos de Dios, y lo somos. Por eso, los que son del mundo no nos conocen, pues no han conocido a Dios. *1 Juan 3.1*

El niño Jesús en el templo[1]

Lucas 2

Los padres de Jesús iban todos los años a Jerusalén para la fiesta de la Pascua.[2] Y así, cuando Jesús cumplió doce años, fueron allá todos ellos, como era costumbre en esa fiesta. Pero pasados aquellos días, cuando volvían a casa, el niño Jesús se quedó en Jerusalén, sin que sus padres se dieran cuenta. Pensando que Jesús iba entre la gente, hicieron un día de camino; pero luego, al buscarlo entre los parientes y conocidos, no lo encontraron. Así que regresaron a Jerusalén para buscarlo allí.

Al cabo de tres días lo encontraron en el templo, sentado entre los maestros de la ley, escuchándolos y haciéndoles preguntas. Y todos los que lo oían se admiraban de su inteligencia y de sus respuestas.

Cuando sus padres lo vieron, se sorprendieron;[3] y su madre le dijo: -Hijo mío, ¿por qué nos has hecho esto? Tu padre y yo te hemos estado buscando llenos de angustia. Jesús les contestó: -¿Por qué me buscaban? ¿No sabían que tengo que estar en la casa de mi Padre? Pero ellos no entendieron lo que les decía.

Entonces volvió con ellos a Nazaret, donde vivió obedeciéndolos en todo. Su madre guardaba todo esto en su corazón. Y Jesús seguía creciendo en sabiduría y estatura, y gozaba del favor de Dios y de los hombres.

Notas explicativas

[1]Esta es la única historia en la Biblia que relata algo acerca de Jesús cuando era niño y vivía en Nazaret. [2]Una de las tres principales fiestas judías, conocida también como la fiesta de los panes sin levadura. [3]No sabían qué pensar.

Lo encontraron en el templo, sentado entre los maestros de la ley

Para pensar

1. ¿Por qué los padres de Jesús iban a Jerusalén todos los años?
2. ¿Qué crees que quiso decir Jesús cuando preguntó: "No sabían que tengo que estar en la casa de mi Padre"?
3. ¿Dónde podemos encontrar a Jesús hoy? ¿Qué nos dice a nosotros?

Palabras para recordar

En Cristo están encerradas todas las riquezas de la sabiduría y del conocimiento. *Colosenses 2.3*

El bautismo de Jesús

Mateo 3; Marcos 1

Por aquel tiempo se presentó Juan el Bautista[1] en el desierto de Judea.[2] En su proclamación decía: "¡Vuélvanse a Dios, porque el reino de los cielos está cerca!" Juan era aquel de quien Dios había dicho por medio del profeta Isaías: "Una voz grita en el desierto: 'Preparen el camino del Señor; ábranle un camino recto.' "

La ropa de Juan estaba hecha de pelo de camello, y se la sujetaba al cuerpo con un cinturón de cuero; su comida era langostas y miel del monte.

La gente de Jerusalén y todos los de la región de Judea y de la región cercana al Jordán salían a oírle. Confesaban sus pecados y Juan los bautizaba en el río Jordán. Jesús fue de Galilea al río Jordán, donde estaba Juan, para que éste lo bautizara.

Al principio Juan quería impedírselo, y le dijo: -Yo debería ser bautizado por ti, ¿y tú vienes a mí? Jesús le contestó: -Déjalo así por ahora, pues es conveniente que cumplamos todo lo que es justo[3] ante Dios. Entonces Juan consintió.

En cuanto Jesús fue bautizado y salió del agua, el cielo se le abrió y vio que el Espíritu de Dios bajaba sobre él como una paloma.[4] Se oyó entonces una voz[5] del cielo, que decía: "Este es mi Hijo amado, a quien he elegido."

Notas explicativas

[1] Juan el Bautista era el que preparaba el camino para la llegada del Mesías. Jesús tenía aproximadamente treinta años de edad, y estaba listo para darse a conocer como el Salvador. [2] La región a lo largo del Jordán y cerca del Mar Muerto. [3] Hacer la voluntad de Dios. [4] Representando la paz y la pureza del Espíritu Santo. [5] La voz de Dios el Padre.

Este es mi Hijo amado, a quien he elegido

Para pensar

1. Describe a Juan y su obra.
2. Las tres personas de la Trinidad se pueden identificar claramente en el bautismo de Jesús. Explica.
3. Jesús vino para "hacer lo que es justo", o a hacer la voluntad de Dios. Eso incluye su muerte. ¿Por qué tuvo que morir? (Ver el versículo en "Palabras para recordar").

Palabras para recordar

Cristo no cometió pecado alguno, pero por causa nuestra Dios lo trató como al pecado mismo, para así, por medio de Cristo, librarnos de culpa. *2 Corintios 5.21*

La tentación de Jesús[1]

Mateo 4

Luego el Espíritu llevó a Jesús al desierto, para que el diablo lo pusiera a prueba. Estuvo cuarenta días y cuarenta noches sin comer, y después sintió hambre.

El diablo se acercó entonces a Jesús para ponerlo a prueba, y le dijo: -Si de veras eres Hijo de Dios, ordena que estas piedras se conviertan en panes. Pero Jesús le contestó: -La Escritura dice: 'No solo de pan vivirá el hombre, sino también de toda palabra que salga de los labios de Dios.'

Luego el diablo lo llevó a la santa ciudad de Jerusalén, lo subió a la parte más alta del templo y le dijo: -Si de veras eres Hijo de Dios, tírate abajo; porque la Escritura dice: 'Dios mandará que sus ángeles te cuiden. Te levantarán con sus manos, para que no tropieces con piedra alguna.' Jesús le contestó: -También dice la Escritura: 'No pongas a prueba al Señor tu Dios.'

Finalmente el diablo lo llevó a un cerro muy alto, y mostrándole todos los países del mundo y la grandeza de ellos, le dijo: -Yo te daré todo esto, si te arrodillas y me adoras.[2] Jesús le contestó: -Vete, Satanás, porque la Escritura dice: 'Adora al Señor tu Dios, y sírvele solo a él.'

Entonces el diablo se apartó de Jesús, y unos ángeles acudieron a servirle.

Notas explicativas

[1]Jesús se mostró fiel a Dios cuando fue tentado, y mostró sus cualidades como Salvador. Porque él es perfecto, venció el pecado y la tentación por nosotros, es también el modelo para todos los creyentes cuando somos tentados. [2]Me rindes honor y alabanza.

Adora al Señor tu Dios, y sírvele solo a él

Para pensar

1. ¿Qué usó Jesús para responder a la tentación del diablo?
2. Jesús resistió el poder del diablo. ¿Qué nos dice eso acerca de Jesús?
3. ¿Qué significa para nuestra vida diaria la victoria de Jesús sobre la tentación?

Palabras para recordar

Cristo también estuvo sometido a las mismas pruebas que nosotros; sólo que él jamás pecó. *Hebreos 4.15*

129

Jesús ayuda a Pedro a pescar

Lucas 5

En una ocasión, estando Jesús a orillas del Lago de Genesaret, se sentía apretujado por la multitud que quería oir el mensaje de Dios.

Jesús vio dos barcas en la playa. Los pescadores habían bajado de ellas a lavar sus redes. Jesús subió a una de las barcas, que era de Simón, y le pidió que la alejara un poco de la orilla. Luego se sentó en la barca,[1] y desde allí comenzó a enseñar a la gente.

Cuando terminó de hablar, le dijo a Simón: -Lleva la barca a la parte honda del lago, y echen allí sus redes, para pescar. Simón le contestó: -Maestro, hemos estado trabajando toda la noche sin pescar nada; pero, ya que tú lo mandas, voy a echar las redes.

Cuando lo hicieron, recogieron tanto pescado que las redes se rompían. Entonces hicieron señas a sus compañeros de la otra barca, para que fueran a ayudarlos. Ellos fueron, y llenaron tanto las dos barcas que les faltaba poco para hundirse.

Al ver esto, Simón Pedro se puso de rodillas delante de Jesús y le dijo: -¡Apártate de mí, Señor, porque soy un pecador! Es que Simón y todos los demás estaban asustados por aquella gran pesca que habían hecho. También lo estaban Santiago y Juan, hijos de Zebedeo, que eran compañeros de Simón. Pero Jesús le dijo a Simón: -No tengas miedo; desde ahora vas a pescar hombres.

Entonces llevaron las barcas a tierra, lo dejaron todo y se fueron con Jesús.

Notas explicativas

[1]Cada vez que Jesús se mostraba en público, mucha gente se juntaba a su alrededor para escucharlo hablar. La barca le permitía estar alejado de la muchedumbre, pero lo suficientemente cerca para ser oído.

Recogieron tanto pescado que las redes se rompían

Para pensar

1. ¿Cómo satisfacía Jesús las necesidades de la gente? ¿Cómo provee Jesús por nuestras necesidades?
2. ¿Cómo reaccionó Pedro ante Jesús después del milagro de la gran pesca?
3. ¿Qué nueva dirección le dio Jesús a la vida de Pedro? ¿Qué nueva dirección nos trae Jesús a nuestras vidas?

Palabras para recordar

Ustedes han vuelto a nacer, y esta vez no de padre humanos y mortales, sino de la palabra de Dios, la cual vive y permanece para siempre. *1 Pedro 1.23*

Jesús convierte agua en vino

Juan 2

Al tercer día hubo una boda en Caná, un pueblo de Galilea. La madre de Jesús estaba allí, y Jesús y sus discípulos fueron también invitados a la boda.

Se acabó el vino, y la madre de Jesús le dijo: -Ya no tienen vino. Jesús le contestó: -Mujer, ¿por qué me dices esto? Mi hora no ha llegado todavía.

Ella dijo a los que estaban sirviendo: -Hagan todo lo que él les diga. Había allí seis tinajas de piedra, para el agua que usan los judíos en sus ceremonias de purificación.[1] En cada tinaja cabían de cincuenta a setenta litros de agua.

Jesús dijo a los sirvientes: -Llenen de agua estas tinajas. Las llenaron hasta arriba, y Jesús les dijo: -Ahora saquen un poco y llévenselo al encargado de la fiesta. Así lo hicieron.

El encargado de la fiesta probó el agua convertida en vino, sin saber de dónde había salido; solo los sirvientes lo sabían, pues ellos habían sacado el agua. Así que el encargado llamó al novio y le dijo: -Todo el mundo sirve primero el mejor vino, y cuando los invitados ya han bebido bastante, entonces se sirve el vino corriente. Pero tú has guardado el mejor vino hasta ahora.

Esto que hizo Jesús en Caná de Galilea fue la primera señal milagrosa con la cual mostró su gloria; y sus discípulos creyeron[2] en él.

Notas explicativas
[1]Ver Números 31.23-24. [2]Creyeron que Jesús era el Hijo de Dios.

Llenen de agua estas tinajas

Para pensar

1. Describe el primer milagro de Jesús.
2. De acuerdo al último versículo de este relato, ¿qué pasó como resultado del milagro de Jesús?
3. ¿Qué te dice de Jesús su habilidad de hacer milagros?

Palabras para recordar

Aquel que es la Palabra se hizo carne y vivió entre nosotros, lleno de amor y verdad. *Juan 1.14*

133

Jesús calma la tempestad

Marcos 4

Al anochecer de aquel mismo día, Jesús dijo a sus discípulos: -Vamos al otro lado del lago.

Entonces dejaron a la gente y llevaron a Jesús en la barca en que ya estaba; y también otras barcas lo acompañaban. En esto se desató una tormenta, con un viento tan fuerte que las olas caían sobre la barca, de modo que se llenaba de agua. Pero Jesús se había dormido[1] en la parte de atrás, apoyado sobre una almohada. Lo despertaron y le dijeron: -¡Maestro! ¿No te importa que nos estemos hundiendo?

Jesús se levantó y dio una orden al viento, y dijo al mar: -¡Silencio! ¡Quédate quieto! El viento se calmó, y todo quedó completamente tranquilo.

Después dijo Jesús a los discípulos: -¿Por qué están asustados? ¿Todavía no tienen fe? Ellos se llenaron de miedo, y se preguntaban unos a otros: -¿Quién será este, que hasta el viento y el mar lo obedecen?[2]

Notas explicativas

[1]Jesús estaba muy cansado después de un día de mucho trabajo, y necesitaba un descanso, lo que demuestra que él era verdadero hombre. Pero al mismo tiempo, él era el Dios todopoderoso, como lo iban a constatar sus discípulos un poco más adelante. [2]Los discípulos pudieron reconocer que Jesús era más que un simple hombre. Por tales milagros, Jesús quería que los discípulos creyeran que él era también Dios.

Jesús se levantó y dio una orden al viento, y dijo al mar: -¡Silencio! ¡Quédate quieto!

Para pensar

1. ¿Cómo se muestra Jesús como verdadero hombre en esta historia?
2. ¿Cómo se muestra Jesús como verdadero Dios en esta historia?
3. ¿Cómo nos ayuda Jesús durante las tormentas de nuestra vida?

Palabras para recordar

Jesús les dijo: -Dios me ha dado toda autoridad en el cielo y en la tierra. *Mateo 28.18*

135

Jesús sana a un paralítico

Marcos 2

Algunos días después, Jesús volvió a entrar en Capernaúm.[1] En cuanto se supo que estaba en casa, se juntó tanta gente que ni siquiera cabían frente a la puerta; y él les anunciaba el mensaje. Entonces, entre cuatro, le llevaron un paralítico.[2] Pero como había mucha gente y no podían acercarlo hasta Jesús, quitaron parte del techo de la casa donde él estaba, y por la abertura bajaron al enfermo en la camilla en que estaba acostado.

Cuando Jesús vio la fe que tenían, le dijo al enfermo: -Hijo mío, tus pecados quedan perdonados.

Algunos maestros de la ley que estaban allí sentados, pensaron: "¿Cómo se atreve éste a hablar así? Sus palabras son una ofensa contra Dios. Solo Dios puede perdonar pecados." Pero Jesús en seguida se dio cuenta de lo que estaban pensando, y les preguntó: -¿Por qué piensan ustedes así? ¿Qué es más fácil, decirle al paralítico: 'Tus pecados quedan perdonados', o decirle: 'Levántate, toma tu camilla y anda'? Pues voy a demostrarles que el Hijo del hombre[3] tiene autoridad en la tierra para perdonar pecados.

Entonces le dijo al paralítico: -A ti te digo, levántate, toma tu camilla y vete a tu casa. El enfermo se levantó en el acto, y tomando su camilla salió de allí, a la vista de todos. Por esto, todos se admiraron y alabaron a Dios, diciendo: -Nunca hemos visto una cosa así.

Notas explicativas

[1]Capernaúm era el pueblo donde vivía Jesús. [2]Que no puede caminar. [3]El encarnado Señor que tiene autoridad divina para juzgar y salvar.

Levántate, toma tu camilla y vete a tu casa

Para pensar
1. ¿Qué crítica recibió Jesús cuando le perdonó los pecados al paralítico?
2. ¿Qué probó Jesús a quienes lo criticaban cuando curó al paralítico?
3. Compara la ayuda que Jesús le dio al paralítico con la ayuda que te da a ti.

Palabras para recordar
Jesucristo es el Dios verdadero y la vida eterna. *1 Juan 5.20*

El hijo de una viuda y la hija de Jairo

Lucas 7-8

Después de esto, Jesús se dirigió a un pueblo llamado Naín. Iba acompañado de sus discípulos y de mucha gente. Al llegar cerca del pueblo, vio que llevaban a enterrar a un muerto, hijo único de su madre, que era viuda. Mucha gente del pueblo la acompañaba. Al verla, el Señor tuvo compasión de ella y le dijo: -No llores. En seguida se acercó y tocó la camilla, y los que la llevaban se detuvieron. Jesús le dijo al muerto: -Joven, a ti te digo: ¡Levántate! Entonces el que había estado muerto se sentó y comenzó a hablar, y Jesús se lo entregó a la madre. Al ver esto, todos tuvieron miedo y comenzaron a alabar a Dios, diciendo: -Un gran profeta ha aparecido entre nosotros. También decían: -Dios ha venido a ayudar a su pueblo.

Un hombre llamado Jairo, que era jefe de la sinagoga[1], se postró a los pies de Jesús y le rogó que fuera a su casa, porque tenía una sola hija, de unos doce años, que estaba a punto de morir. Mientras Jesús iba, se sentía apretujado por la multitud que lo seguía.

Entre la gente había una mujer que desde hacía doce años estaba enferma. Todavía estaba hablando Jesús, cuando llegó un mensajero y le dijo al jefe de la sinagoga: -Tu hija ha muerto; no molestes más al Maestro. Pero Jesús lo oyó y le dijo: -No tengas miedo; solamente cree, y tu hija se salvará.

Al llegar a la casa, no dejó entrar con él a nadie más que a Pedro, a Santiago y a Juan, junto con el padre y la madre de la niña. Todos estaban llorando y lamentándose por ella, pero Jesús les dijo: -No lloren; la niña no está muerta, sino dormida. Todos se rieron de él, porque sabían que estaba muerta. Entonces Jesús la tomó de la mano y dijo con voz fuerte: -¡Niña, levántate! Y ella volvió a la vida; al momento se levantó, y Jesús mandó que le dieran de comer. Y por toda Judea y sus alrededores se supo lo que había hecho Jesús.

Notas explicativas

[1] Líder de la iglesia judía.

Jesús la tomó de la mano

Para pensar

1. ¿Cómo muestran estas dos situaciones que Dios siente nuestros dolores cuando muere algún ser querido?

2. ¿Qué otras situaciones muestran el poder de Jesús sobre la muerte?

3. ¿Qué significa para ti que Jesús devuelva la vida a quellos que han estado muertos?

Palabras para recordar

Jesús le dijo: -Yo soy la resurrección y la vida. El que cree en mí, aunque muera, vivirá. *Juan 11.25*

Jesús alimenta a más de cinco mil personas

Juan 6

Después de esto, Jesús se fue al otro lado del Lago de Galilea, que es el mismo Lago de Tiberias. Mucha gente lo seguía, porque habían visto las señales milagrosas que hacía sanando a los enfermos. Entonces Jesús subió a un monte, y se sentó con sus discípulos.

Ya estaba cerca la Pascua, la fiesta de los judíos. Cuando Jesús miró y vio la mucha gente que lo seguía, le dijo a Felipe: -¿Dónde vamos a comprar pan para toda esta gente? Pero lo dijo por ver qué contestaría Felipe, porque Jesús mismo sabía bien lo que había de hacer. Felipe le respondió: -Ni siquiera el salario de doscientos días bastaría para comprar el pan suficiente para que cada uno recibiera un poco.

Entonces Andrés, que era otro de sus discípulos y hermano de Simón Pedro, le dijo: -Aquí hay un niño que tiene cinco panes de cebada y dos pescados; pero, ¿qué es esto para tanta gente? Jesús respondió: -Díganles a todos que se sienten.

Había mucha hierba en aquel lugar, y se sentaron. Eran unos cinco mil hombres.[1] Jesús tomó en sus manos los panes y, después de dar gracias a Dios, los repartió entre los que estaban sentados. Hizo lo mismo con los pescados, dándoles todo lo que querían. Cuando ya estuvieron satisfechos, Jesús dijo a sus discípulos: -Recojan los pedazos sobrantes, para que no se desperdicie nada. Ellos los recogieron, y llenaron doce canastas con los pedazos que sobraron de los cinco panes de cebada.

La gente, al ver esta señal milagrosa hecha por Jesús, decía: -De veras este es el profeta que había de venir al mundo.[2]

Notas explicativas

[1]En otra ocasión Jesús alimentó a más de cuatro mil personas. Ver Mateo 15.32-39 y Marcos 8.1-9. [2]El Salvador y Mesías prometido.

Recojan los pedazos sobrantes

Para pensar

1. ¿Qué nos enseña el hecho de que Jesús alimentara a más de cinco mil personas?

2. ¿A qué conclusión llegaron acerca de Jesús los que presenciaron el milagro?

3. ¿De qué manera Jesús provee por todas tus necesidades diarias?

Palabras para recordar

Pongan toda su atención en el reino de Dios y en hacer lo que Dios exige, y recibirán también todas estas cosas. *Mateo 6.33*

141

Jesús camina sobre el agua

Mateo 14; Juan 6

Como Jesús se dio cuenta de que querían llevárselo a la fuerza para hacerlo rey, se retiró otra vez a lo alto del cerro, para estar solo.[1] Después de esto, Jesús hizo que sus discípulos subieran a la barca, para que cruzaran el lago antes que él y llegaran al otro lado mientras él despedía a la gente.

Cuando la hubo despedido, Jesús subió a un cerro, para orar a solas. Al llegar la noche, estaba allí él solo, mientras la barca ya iba bastante lejos de tierra firme. Las olas azotaban la barca, porque tenían el viento en contra.

A la madrugada, Jesús fue hacia ellos caminando sobre el agua. Cuando los discípulos lo vieron andar sobre el agua, se asustaron, y gritaron llenos de miedo: -¡Es un fantasma! Pero Jesús les habló, diciéndoles: -¡Calma! ¡Soy yo: no tengan miedo! Entonces Pedro le respondió: -Señor, si eres tú, ordena que yo vaya hasta ti sobre el agua. -Ven -dijo Jesús.

Pedro entonces bajó de la barca y comenzó a caminar sobre el agua en dirección a Jesús. Pero al notar la fuerza del viento, tuvo miedo; y como comenzaba a hundirse, gritó: -¡Sálvame, Señor! Al momento, Jesús lo tomó de la mano y le dijo: -¡Qué poca fe tienes! ¿Por qué dudaste?

En cuanto subieron a la barca, se calmó el viento. Entonces los que estaban en la barca se pusieron de rodillas delante de Jesús, y le dijeron: -¡En verdad tú eres el Hijo de Dios!

Notas explicativas

[1]Después que Jesús alimentó a las cinco mil personas, algunos querían hacerlo su rey terrenal. Jesús, sin embargo, vino para ser el rey celestial, el salvador del pecado.

Jesús lo tomó de la mano

Para pensar

1. ¿Por qué crees que la gente quería que Jesús fuera su rey terrenal?
2. En este relato Pedro se muestra como un hombre que tiene fe y como un hombre que duda. Explica.
3. Como Pedro, también nosotros dudamos a veces. ¿Cómo le ayudó Jesús a Pedro cuando éste dudó? ¿Cómo nos ayudará Jesús?

Palabras para recordar

No tengas miedo; cree solamente. *Marcos 5.36*

143

La fe de una mujer cananea[1]

Mateo 15

Jesús se dirigió de allí a la región de Tiro y Sidón. Y una mujer cananea, de aquella región, se le acercó, gritando: -¡Señor, Hijo de David, ten compasión de mí! ¡Mi hija tiene un demonio que la hace sufrir mucho!

Jesús no le contestó nada. Entonces sus discípulos se acercaron a él y le rogaron: -Dile a esa mujer que se vaya, porque viene gritando detrás de nosotros. Jesús dijo: -Dios me ha enviado solamente a las ovejas perdidas del pueblo de Israel.

Pero la mujer fue a arrodillarse delante de él, diciendo: -¡Señor, ayúdame! Jesús le contestó: -No está bien quitarles el pan a los hijos y dárselo a los perros.

Ella le dijo: -Sí, Señor; pero hasta los perros comen las migajas que caen de la mesa de sus amos. Entonces le dijo Jesús: -¡Mujer, qué grande es tu fe! Hágase como quieres. Y desde ese mismo momento su hija quedó sana.

Notas explicativas

[1]Mientras Jesús estuvo en la tierra, pocas veces se sorprendió mucho, una vez debido a la incredulidad de los hombres (Marcos 6.6) y dos veces por la gran fe que mostraron algunas personas. La primera de estas personas fue el centurión de Capernaúm, la segunda, esta mujer de Canaán.

¡Señor, ayúdame!

Para pensar

1. ¿Por qué querían los discípulos que Jesús echara a la mujer cananea?
2. ¿De qué forma podemos ver en su petición su fe en Jesús?
3. ¿Qué podemos aprender de la historia de la mujer cananea con respecto a las peticiones que se hacen en favor de otros?

Palabras para recordar

Todo lo que ustedes pidan en oración, crean que ya lo han conseguido, y lo recibirán. *Marcos 11.24*

Los diez leprosos

Lucas 17

En su camino a Jerusalén, pasó Jesús entre las regiones de Samaria[1] y Galilea. Y llegó a una aldea, donde le salieron al encuentro diez hombres enfermos de lepra,[2] los cuales se quedaron lejos de él gritando: -¡Jesús, Maestro, ten compasión de nosotros!

Cuando Jesús los vio, les dijo: -Vayan a presentarse a los sacerdotes.[3] Y mientras iban, quedaron limpios de su enfermedad. Uno de ellos, al verse limpio, regresó alabando a Dios a grandes voces, y se arrodilló delante de Jesús, inclinándose hasta el suelo para darle las gracias. Este hombre era de Samaria.

Jesús dijo: -¿Acaso no eran diez los que quedaron limpios de su enfermedad? ¿Dónde están los otros nueve? ¿Únicamente este extranjero ha vuelto para alabar a Dios? Y le dijo al hombre: -Levántate y vete; por tu fe has sido sanado.

Notas explicativas

[1]Samaria era una región entre Galilea y Judea. Debido a las creencias y prácticas religiosas de los samaritanos, los judíos los despreciaban. [2]La lepra es una enfermedad que destruye la piel. [3]Los sacerdotes examinaban a los leprosos y los declaraban curados de la enfermedad (Levítico 13.2-3).

Se arrodilló delante de Jesús para darle las gracias

Para pensar

1. ¿Por qué era tan difícil la vida de los leprosos?
2. ¿Por qué regresó un leproso a ver a Jesús? ¿Por qué crees que los otros leprosos no regresaron a ver a Jesús?
3. ¿Por cuáles bendiciones puedes agradecer a Jesús hoy?

Palabras para recordar

Den gracias al Señor porque él es bueno, porque su amor es eterno. *Salmo 107.1*

147

Jesús bendice a los niños[1]

Mateo 18-19

En aquella misma ocasión los discípulos se acercaron a Jesús y le preguntaron: -¿Quién es el más importante en el reino de los cielos?[2] Jesús llamó entonces a un niño, lo puso en medio de ellos y dijo: -Les aseguro que si ustedes no cambian y se vuelven como niños, no entrarán en el reino de los cielos. El más importante en el reino de los cielos es el que se humilla[3] y se vuelve como este niño. Y el que recibe en mi nombre a un niño como éste, me recibe a mí.

A cualquiera que haga caer en pecado a uno de estos pequeños que creen en mí, más le valdría que lo hundieran en lo profundo del mar con una gran piedra de molino atada al cuello.

No desprecien a ninguno de estos pequeños. Pues les digo que en el cielo los ángeles de ellos están mirando siempre el rostro de mi Padre celestial.

Llevaron unos niños a Jesús, para que pusiera sobre ellos las manos y orara por ellos; pero los discípulos comenzaron a reprender a quienes los llevaban. Entonces Jesús, viendo esto, se enojó[4] y les dijo: -Dejen que los niños vengan a mí, y no se lo impidan, porque el reino de los cielos es de quienes son como ellos.

Y tomó en sus brazos a los niños, y los bendijo poniendo las manos sobre ellos.

Notas explicativas

[1]En esta historia se muestra cuánto quiere Jesús a los niños y lo bien que piensa de ellos. [2]Antes de esto, los discípulos estuvieron discutiendo entre ellos acerca de quiénes de ellos tendrían los lugares de más honor en el cielo. [3]Que vive una vida simple, y que depende confiadamente en Dios. [4]Se enojó justamente.

Tomó en sus brazos a los niños

Para pensar

1. ¿Qué quiso decir Jesús cuando dijo: "Les aseguro que si ustedes no cambian y se vuelven como niños, no entrarán en el reino de los cielos"?

2. Alguna gente no le daba importancia a los niños, y los consideraba una molestia. ¿Qué dice Jesús acerca de la importancia de los niños?

3. ¿Cómo mostró Jesús su amor por los niños?

Palabras para recordar

Con la alabanza de los pequeños, de los niñitos de pecho, has construido una fortaleza. *Salmo 8.2*

La transfiguración

Mateo 17

Seis días después, Jesús tomó a Pedro, a Santiago y a Juan, el hermano de Santiago, y se fue aparte con ellos a un cerro muy alto. Allí, delante de ellos, cambió la apariencia de Jesús. Su cara brillaba como el sol, y su ropa se volvió blanca como la luz.

En esto vieron a Moisés y a Elías conversando con Jesús. Pedro le dijo a Jesús: -Señor, ¡qué bien que estemos aquí! Si quieres, haré tres chozas: una para ti, otra para Moisés y otra para Elías.

Mientras Pedro estaba hablando, una nube luminosa se posó sobre ellos, y de la nube salió una voz, que dijo: "Este es mi Hijo amado, a quien he elegido: escúchenlo."

Al oír esto, los discípulos se postraron con la cara en tierra, llenos de miedo. Jesús se acercó a ellos, los tocó y les dijo: -Levántense; no tengan miedo. Y cuando miraron, ya no vieron a nadie, sino a Jesús solo.

Mientras bajaban del cerro, Jesús les ordenó: -No cuenten a nadie esta visión, hasta que el Hijo del hombre haya resucitado.

Señor, ¡qué bien que estemos aquí!

Para pensar

1. Trasfigurarse es cambiar. Describe la transfiguración de Jesús.
2. ¿De qué habló Jesús con Moisés y Elías?
3. ¿Qué significa para ti que Jesús sea el Hijo de Dios?

Palabras para recordar

Aquel que es la Palabra se hizo hombre y vivió entre nosotros, lleno de amor y de verdad. Y hemos visto su gloria, la gloria que como Hijo único recibió del Padre. *Juan 1.14*

Zaqueo

Lucas 19

Jesús entró en Jericó y comenzó a atravesar la ciudad. Vivía allí un hombre rico llamado Zaqueo, jefe de los que cobraban impuestos[1] para Roma. Este quería conocer a Jesús, pero no conseguía verlo porque había mucha gente y Zaqueo era pequeño de estatura. Por eso corrió adelante y, para alcanzar a verlo, se subió a un árbol cerca de donde Jesús tenía que pasar.

Cuando Jesús pasaba por allí, miró hacia arriba y le dijo: -Zaqueo, baja en seguida, porque hoy tengo que quedarme en tu casa. Zaqueo bajó aprisa, y con gusto recibió a Jesús.

Al ver esto, todos[2] comenzaron a criticar a Jesús, diciendo que había ido a quedarse en la casa de un pecador.[3]

Zaqueo se levantó entonces y le dijo al Señor: -Mira, Señor, voy a dar a los pobres la mitad de todo lo que tengo; y si le he robado algo a alguien, le devolveré cuatro veces más. Jesús le dijo: -Hoy ha llegado la salvación[4] a esta casa, porque este hombre también es descendiente de Abraham. Pues el Hijo del hombre[5] ha venido a buscar y salvar lo que se había perdido.

Notas explicativas

[1]Los cobradores de impuestos eran odiados por la mayoría de la gente porque muchos de ellos eran deshonestos. [2]Gente que se consideraba perfecta, y que juzgaba a los demás, especialmente los fariseos y saduceos. [3]A menudo Jesús se mostró amigable con los pecadores, y los aceptó como pertenecientes al pueblo de Dios cuando se mostraban verdaderamente arrepentidos por lo malo que habían hecho. Los escribas y fariseos se quejaban de la misericordia de Jesús hacia los pecadores. [4]Gran bendición a través del perdón de los pecados. [5]Jesús.

Zaqueo, baja en seguida

Para pensar

1. ¿Qué sabes acerca de Zaqueo?
2. ¿Cómo demostró Zaqueo que se había convertido en seguidor de Jesús?
3. ¿Cómo sabes que Jesús vino a la tierra para salvarte?

Palabras para recordar

Cristo Jesús vino al mundo para salvar a los pecadores. *1 Timoteo 1.15*

153

La oveja perdida y la moneda perdida[1]

Lucas 15

Todos los que cobraban impuestos para Roma y otra gente de mala fama se acercaban a Jesús, para oírlo. Los fariseos y los maestros de la ley lo criticaban por esto, diciendo: -Este recibe a los pecadores y come[2] con ellos.

Entonces Jesús les dijo esta parábola: "¿Quién de ustedes, si tiene cien ovejas y pierde una de ellas, no deja las otras noventa y nueve en el campo y va en busca de la oveja perdida, hasta encontrarla? Y cuando la encuentra, contento la pone sobre sus hombros, y al llegar a casa junta a sus amigos y vecinos, y les dice: 'Alégrense conmigo, porque ya encontré la oveja que se me había p erdido.' Les digo que así también hay más alegría en el cielo por un pecador que se convierte que por noventa y nueve justos que no necesitan convertirse.

O bien, ¿qué mujer que tiene diez monedas y pierde una de ellas, no enciende una lámpara y barre la casa buscando con cuidado hasta encontrarla? Y cuando la encuentra, reúne a sus amigas y vecinas, y les dice: 'Alégrense conmigo, porque ya encontré la moneda que había perdido.'

Les digo que así también hay alegría entre los ángeles de Dios por un pecador que se convierte."

Notas explicativas

[1]A ésta, y a las cuatro historias siguientes (Lucas 15.3-16.9) las llamamos parábolas. Son historias que relatan acontecimientos de la vida diaria. Jesús usó parábolas para enseñar acerca de Dios y de su reino. Las parábolas son historias terrenales con significado celestial. [2]Jesús aceptó invitaciones a las casas de los pecadores, y comió con ellos, lo que era contrario a la costumbre judía.

Alégrense conmigo

Para pensar

1. ¿Qué críticas llevaron a Jesús a contar las parábolas de la oveja perdida y de la moneda perdida?

2. ¿Qué hacen el pastor y la mujer de estas historias? ¿Por qué se alegran?

3. ¿Eres tú una de las ovejas perdidas que nuestro pastor vino a buscar? ¿Por qué sí, o por qué no?

Palabras para recordar

"Yo, el Señor, digo: Yo mismo voy a encargarme del cuidado de mi rebaño."
Ezequiel 34.11

El hijo perdido[1]

Lucas 15

Jesús contó esto también: "Un hombre tenía dos hijos, y el más joven le dijo a su padre: 'Padre, dame la parte de la herencia que me toca.' Entonces el padre repartió los bienes entre ellos.

Pocos días después el hijo menor vendió su parte de la propiedad, y con ese dinero se fue lejos, a otro país, donde todo lo derrochó llevando una vida desenfrenada. Pero cuando ya se lo había gastado todo, hubo una gran escasez de comida en aquel país, y él comenzó a pasar hambre.

Fue a pedir trabajo a un hombre del lugar, que lo mandó a sus campos a cuidar cerdos. Y tenía ganas de llenarse con las algarrobas que comían los cerdos, pero nadie se las daba. Al fin se puso a pensar:[2] '¡Cuántos trabajadores en la casa de mi padre tienen comida de sobra, mientras yo aquí me muero de hambre! Regresaré a casa de mi padre, y le diré: Padre mío, he pecado contra Dios y contra ti; ya no merezco llamarme tu hijo; trátame como a uno de tus trabajadores.'

Así que se puso en camino y regresó a la casa de su padre. Cuando todavía estaba lejos, su padre lo vio y sintió compasión de él. Corrió a su encuentro, y lo recibió con abrazos y besos.

El hijo le dijo: 'Padre mío, he pecado contra Dios y contra ti; ya no merezco llamarme tu hijo.' Pero el padre ordenó a sus criados: 'Saquen pronto la mejor ropa y vístanlo; pónganle también un anillo en el dedo y sandalias en los pies. Traigan el becerro más gordo y mátenlo.

¡Vamos a celebrar esto con un banquete! Porque este hijo mío estaba muerto y ha vuelto a vivir; se había perdido y lo hemos encontrado.'"

Notas explicativas

[1]Esta parábola es llamada a veces "el hijo pródigo". Pródigo significa derrochador. [2]Se dio cuenta que había hecho mal.

Su padre lo vio y sintió compasión de él

Para pensar

1. ¿Cómo describirías al padre en esta historia?

2. Así como el hijo perdido, no merecemos ser llamados hijos de nuestro Padre celestial. ¿Por qué?

3. ¿Qué hizo el Padre celestial por nosotros, para que podamos ser llamados sus hijos?

Palabras para recordar

Les digo que así también hay alegría entre los ángeles de Dios por un pecador que se convierte. *Lucas 15.10*

El hombre rico necio

Lucas 12

Jesús dijo: -Cuídense ustedes de toda avaricia;[1] porque la vida no depende del poseer muchas cosas.

Entonces les contó esta parábola: "Había un hombre rico, cuyas tierras dieron una gran cosecha. El rico se puso a pensar: '¿Qué haré? No tengo dónde guardar mi cosecha.' Y se dijo: 'Ya sé lo que voy a hacer. Derribaré mis graneros y levantaré otros más grandes, para guardar en ellos toda mi cosecha y todo lo que tengo. Luego me diré: Amigo, tienes muchas cosas guardadas para muchos años; descansa, come, bebe, goza de la vida.'

Pero Dios le dijo: 'Necio,[2] esta misma noche perderás la vida, y lo que tienes guardado, ¿para quién será?' Así le pasa al hombre que amontona riquezas para sí mismo, pero es pobre delante de Dios."

Después dijo Jesús a sus discípulos: "Esto les digo: No se preocupen por lo que han de comer para vivir, ni por la ropa que necesitan para el cuerpo. La vida vale más que la comida, y el cuerpo más que la ropa. Ustedes pongan su atención en el reino de Dios, y recibirán también estas cosas.

Notas explicativas
[1]Es el deseo desmedido de tener más dinero y posesiones. [2]Dios lo juzga.

La vida no depende del poseer muchas cosas

Para pensar

1. ¿Sobre qué pecado nos advierte Jesús en esta historia?
2. ¿Qué significa poner la atención en el reino de Dios?
3. ¿Qué promete Jesús a los que ponen su atención en el reino de Dios?

Palabras para recordar

La vida vale más que la comida, y el cuerpo más que la ropa. *Lucas 12.23*

159

El fariseo y el cobrador de impuestos

Lucas 18

Jesús contó esta otra parábola para algunos que, seguros de sí mismos por considerarse justos, despreciaban a los demás: "Dos hombres fueron al templo a orar: el uno era fariseo,[1] y el otro era uno de esos que cobran impuestos[2] para Roma.

El fariseo, de pie, oraba así: 'Oh Dios, te doy gracias porque no soy como los demás, que son ladrones, malvados y adúlteros,[3] ni como ese cobrador de impuestos. Yo ayuno dos veces a la semana y te doy la décima parte de todo lo que gano.'

Pero el cobrador de impuestos se quedó a cierta distancia, y ni siquiera se atrevía a levantar los ojos al cielo, sino que se golpeaba el pecho[4] y decía: '¡Oh Dios, ten compasión de mí, que soy pecador!' Les digo que este cobrador de impuestos volvió a su casa ya justo,[5] pero el fariseo no. Porque el que a sí mismo se engrandece,[6] será humillado; y el que se humilla, será engrandecido."

Notas explicativas

[1]Uno de los líderes religiosos que se consideraban justos. [2]Considerados por mucha gente como deshonestos. [3]Los que pecan contra el sexto mandamiento y el matrimonio. [4]Como muestra de arrepentimiento. [5]Con sus pecados perdonados. [6]Que piensa que es mejor que los demás.

Dos hombres fueron al templo a orar

Para pensar

1. ¿Cuál de las dos personas demostró que confiaba en la compasión de Dios?
2. ¿Cómo sabemos que Dios escucha la oración de los cobradores de impuestos?
3. ¿Qué buenas noticias tiene Dios para aquellos que están cargados por sus pecados y oran la oración del cobrador de impuestos?

Palabras para recordar

Dios declara libre de culpa al hombre por la fe sin exigirle cumplir con la ley.
Romanos 3.28

El buen samaritano

Lucas 10

Un maestro de la ley fue a hablar con Jesús, y para ponerlo a prueba le preguntó: -Maestro, ¿qué debo hacer para alcanzar la vida eterna? Jesús le contestó: -¿Qué está escrito en la ley? ¿Qué es lo que lees?

El maestro de la ley contestó: -'Ama al Señor tu Dios con todo tu corazón, con toda tu alma, con todas tus fuerzas y con toda tu mente'; y 'ama a tu prójimo como a ti mismo.' Jesús le dijo: -Has contestado bien. Si haces eso, tendrás la vida. Pero el maestro de la ley, queriendo justificar su pregunta, dijo a Jesús: -¿Y quién es mi prójimo? Jesús entonces le contestó: -Un hombre iba por el camino de Jerusalén a Jericó, y unos bandidos lo asaltaron y le quitaron hasta la ropa; lo golpearon y se fueron, dejándolo medio muerto.

Por casualidad, un sacerdote pasaba por el mismo camino; pero al verlo, dio un rodeo y siguió adelante. También un levita[1] llegó a aquel lugar, y cuando lo vio, dio un rodeo y siguió adelante. Pero un hombre de Samaria[2] que viajaba por el mismo camino, al verlo, sintió compasión. Se acercó a él, le curó las heridas con aceite y vino, y le puso vendas. Luego lo subió en su propia cabalgadura, lo llevó a un alojamiento y lo cuidó.

Al día siguiente, el samaritano sacó el equivalente al salario de dos días,[3] se lo dio al dueño del alojamiento y le dijo: 'Cuide a este hombre, y si gasta usted algo más, yo se lo pagaré cuando vuelva.' Pues bien, ¿cuál de esos tres te parece que se hizo prójimo del hombre asaltado por los bandidos? El maestro de la ley contestó: -El que tuvo compasión de él.

Jesús le dijo: -Pues ve y haz tú lo mismo.

Notas explicativas

[1]Otro tipo de sacerdote. [2]Los de Samaria eran despreciados por los judíos. [3]Con eso una persona podría permanecer hasta dos meses en una posada.

¿Quién es mi prójimo?

Para pensar

1. Qué palabras resumen la ley de Dios de que Jesús vivió en nuestro lugar para ganarnos el cielo?
2. ¿Quién es nuestro prójimo? Ejemplifica cómo ser un prójimo cristiano.
3. ¿Cuál de los personajes de la historia nos recuerda más a Jesús? ¿Por qué?

Palabras para recordar

Nosotros amamos porque él nos amó primero. *1 Juan 4.19*

La entrada triunfal[1]

Mateo 21

Cuando ya estaban cerca de Jerusalén y habían llegado a Betfagé, al Monte de los Olivos, Jesús envió a dos de sus discípulos, diciéndoles: -Vayan a la aldea que está enfrente. Allí encontrarán una burra atada, y un burrito con ella. Desátenla y tráiganmelos. Y si alguien les dice algo, díganle que el Señor los necesita y que en seguida los devolverá.

Esto sucedió para que se cumpliera lo que dijo el profeta,[2] cuando escribió: "Digan a la ciudad de Sión:[3] 'Mira, tu Rey viene a ti, humilde, montado en un burro, en un burrito, cría de una bestia de carga.' "

Los discípulos fueron e hicieron lo que Jesús les había mandado. Llevaron la burra y su cría, echaron sus capas encima de ellos, y Jesús montó.

Había mucha gente. Unos tendían sus capas por el camino, y otros tendían ramas que cortaban de los árboles. Y tanto los que iban delante como los que iban detrás, gritaban: -¡Hosana[4] al Hijo del rey David! ¡Bendito el que viene en el nombre del Señor! ¡Hosana en las alturas!

Notas explicativas

[1]Jesús y sus discípulos estaban yendo a Jerusalén, donde Jesús comenzaría sus sufrimientos que terminarían con su muerte en la cruz para nuestra salvación. [2]Ver Zacarías 9.9. [3]La ciudad de Jerusalén, que representa la iglesia cristiana. [4]Hosana quiere decir ¡sálvanos! en hebreo, y llegó a ser una expresión de alabanza.

¡Hosana en las alturas!

Para pensar

1. ¿Qué profecía del Antiguo testamento cumplió Jesús en esta historia?
2. ¿Por qué adoraba la gente a Jesús?
3. ¿Cómo y por qué adoramos a Jesús nosotros hoy?

Palabras para recordar

¡Ábranse puertas eternas! ¡Quédense abiertas de par en par, y entrará el rey de la gloria! *Salmo 24.7*

El ungimiento

Marcos 14; Juan 12

Seis días antes de la Pascua, Jesús fue a Betania, donde vivía Lázaro, a quien él había resucitado.Allí hicieron una cena en honor de Jesús; Marta servía, y Lázaro era uno de los que estaban a la mesa comiendo con él.

María trajo unos trescientos gramos de perfume de nardo puro,[1] muy caro, y perfumó los pies de Jesús; luego se los secó con sus cabellos. Y toda la casa se llenó del aroma del perfume.

Algunos de los presentes se enojaron, y se dijeron unos a otros: -¿Por qué se ha desperdiciado este perfume? Podía haberse vendido por el equivalente al salario de trescientos días, para ayudar a los pobres. Y criticaban a aquella mujer.

Pero Jesús dijo: -Déjenla; ¿por qué la molestan? Ha hecho una obra buena conmigo. Pues a los pobres siempre los tendrán entre ustedes, y pueden hacerles bien cuando quieran; pero a mí no siempre me van a tener. Esta mujer ha hecho lo que ha podido: ha perfumado mi cuerpo de antemano para mi entierro. Les aseguro que en cualquier lugar del mundo donde se anuncie la buena noticia, se hablará también de lo que hizo esta mujer, y así será recordada.

Judas Iscariote, uno de los doce discípulos, fue a ver a los jefes de los sacerdotes para entregarles a Jesús. Al oírlo, se alegraron y prometieron darle dinero a Judas, que comenzó a buscar el momento más oportuno de entregar a Jesús.

Notas explicativas
[1]La planta de nardo era importada del Himalaya.

Secó los pies de Jesús con sus cabellos

Para pensar

1. Describe el acto de adoración de María.
2. ¿Qué había hecho Jesús por María y su familia?
3. ¿Que cosas buenas ha hecho Jesús por ti y tu familia?

Palabras para recordar

Bendeciré al Señor con toda mi alma. Él es quien perdona todas mis maldades, quien sana todas mis enfermedades. *Salmo 103.2-3*

El último juicio

Mateo 25

"Cuando el Hijo del hombre venga, rodeado de esplendor y de todos sus ángeles, se sentará en su trono glorioso. La gente de todas las naciones[1] se reunirá delante de él, y él separará unos de otros, como el pastor separa las ovejas de las cabras. Pondrá las ovejas a su derecha y las cabras a su izquierda. Y dirá el Rey a los que estén a su derecha: 'Vengan ustedes, los que han sido bendecidos por mi Padre; reciban el reino que está preparado para ustedes desde que Dios hizo el mundo. Pues tuve hambre, y ustedes me dieron de comer; tuve sed, y me dieron de beber; anduve como forastero, y me dieron alojamiento. Estuve sin ropa, y ustedes me la dieron; estuve enfermo, y me visitaron; estuve en la cárcel, y vinieron a verme.'

Entonces los justos preguntarán: 'Señor, ¿cuándo te vimos con hambre, y te dimos de comer? ¿O cuándo te vimos con sed, y te dimos de beber? ¿O cuándo te vimos como forastero, y te dimos alojamiento, o sin ropa, y te la dimos? ¿O cuándo te vimos enfermo o en la cárcel, y fuimos a verte?'

El Rey les contestará: 'Les aseguro que todo lo que hicieron por uno de estos hermanos míos más humildes, por mí mismo lo hicieron.'

"Luego el Rey dirá a los que estén a su izquierda: 'Apártense de mí, los que merecieron la condenación; váyanse al fuego eterno preparado para el diablo y sus ángeles. Pues tuve hambre, y ustedes no me dieron de comer; tuve sed, y no me dieron de beber; anduve como forastero, y no me dieron alojamiento; sin ropa, y no me la dieron; estuve enfermo, y en la cárcel, y no vinieron a visitarme.'

Entonces ellos le preguntarán: 'Señor, ¿cuándo te vimos con hambre o con sed, o como forastero, o falto de ropa, o enfermo, o en la cárcel, y no te ayudamos?'

El Rey les contestará: 'Les aseguro que todo lo que no hicieron por una de estas personas más humildes, tampoco por mí lo hicieron.' Esos irán al castigo eterno, y los justos a la vida eterna."

Notas explicativas
[1]Toda la gente, vivos y muertos.

Se sentará en su trono glorioso

Para pensar

1. ¿Quiénes vendrán ante Jesús y los santos ángeles el día del juicio final?

2. ¿Qué evidencia utilizará Jesús para juzgar a aquellos que vivieron confiando en él?

3. La gente a la derecha del rey demostró ser misericordiosa con los menos afortunados. ¿Cómo fue Jesús misericordioso con nosotros?

Palabras para recordar

Se les abrirán de par en par las puertas del reino eterno de nuestro Señor y Salvador Jesucristo. *2 Pedro 1.11*

La Cena del Señor[1]

Lucas 22

Estaba ya cerca la fiesta en que se come el pan sin levadura, o sea la fiesta de la Pascua.[2] Los jefes de los sacerdotes y los maestros de la ley, que tenían miedo de la gente, buscaban la manera de matar a Jesús.

Entonces Satanás entró en Judas, uno de los doce discípulos, al que llamaban Iscariote. Este fue a ver a los jefes de los sacerdotes y a los oficiales del templo, y habló con ellos sobre cómo entregarles a Jesús. Ellos se alegraron y prometieron darle dinero a Judas.[3] Y él aceptó y comenzó a buscar un momento oportuno, en que no hubiera gente, para entregarles a Jesús.

Llegó el día de la fiesta en que se comía el pan sin levadura, cuando se sacrificaba el cordero de Pascua. Jesús envió a Pedro y a Juan, diciendo: -Vayan a prepararnos la cena de Pascua. Cuando llegó la hora[4], Jesús y los apóstoles se sentaron a la mesa. Jesús les dijo: -¡Cuánto he querido celebrar con ustedes esta cena de Pascua antes de mi muerte! Porque les digo que no la celebraré de nuevo hasta que se cumpla en el reino de Dios.

Entonces tomó en sus manos una copa y, habiendo dado gracias a Dios, dijo: -Tomen esto y repártanlo entre ustedes; porque les digo que no volveré a beber del producto de la vid, hasta que venga el reino de Dios. Después tomó el pan en sus manos y, habiendo dado gracias a Dios, lo partió y se lo dio a ellos, diciendo: -Esto es mi cuerpo, entregado a muerte en favor de ustedes. Hagan esto en memoria de mí. Lo mismo hizo con la copa después de la cena, diciendo: -Esta copa es la nueva alianza[5] confirmada con mi sangre, la cual es derramada en favor de ustedes. Cada vez que beban, háganlo en memoria de mí.

Notas explicativas

[1]Ésta, y las siete historias siguientes, cuentan la pasión de nuestro Señor. Son los acontecimientos que suceden desde el jueves a la noche hasta el sábado a la noche de la semana santa. [2]La Pascua se celebraba el día catorce del primer mes, llamado nisán (marzo-abril). [3]Más o menos el salario de cuatro meses. [4]La tardecita. [5]El solemne pacto de Dios de salvar a su pueblo por medio del Mesías (ver Jeremías 31.31-34).

Esta copa es derramada por muchos para el perdón de los pecados

Para pensar

1. Cuenta cómo Judas le volvió la espalda a Jesús.
2. Jesús y sus discípulos se reunieron para celebrar la cena de la Pascua. Compara la cena de la Pascua con la nueva cena que Jesús dejó a sus seguidores. ¿Qué nos da Jesús por medio de la Cena del Señor?
3. ¿Por qué dio Jesús su cuerpo y su sangre? ¿Cómo lo hizo?

Palabras para recordar

De manera que, hasta que venga el Señor, ustedes proclaman su muerte cada vez que comen de ese pan y beben de esa copa. *1 Corintios 11.26*

171

Jesús en Getsemaní

Mateo 26; Lucas 22

Después de cantar los salmos, se fueron[1] al monte de los Olivos. Y Jesús les dijo: -Todos ustedes van a perder su fe en mí esta noche. Así lo dicen las Escrituras: Pedro le contestó: -Aunque todos pierdan su fe en ti, yo no la perderé. Jesús le dijo: -Te aseguro que esta misma noche, antes que cante el gallo, me negarás tres veces.

Luego fue Jesús con sus discípulos a un lugar llamado Getsemaní, y les dijo: -Siéntense aquí, mientras yo voy allí a orar.

Y se llevó a Pedro y a los dos hijos de Zebedeo, y comenzó a sentirse muy triste y angustiado. Les dijo: -Siento en mi alma una tristeza de muerte. Quédense ustedes aquí, y permanezcan despiertos conmigo.

En seguida Jesús se fue un poco más adelante, se inclinó hasta tocar el suelo con la frente, y oró diciendo: "Padre mío, si es posible, líbrame de este trago amargo; pero que no se haga lo que yo quiero, sino lo que quieres tú." Luego volvió a donde estaban los discípulos, y los encontró dormidos. Le dijo a Pedro: -¿Ni siquiera una hora pudieron ustedes mantenerse despiertos conmigo? Manténganse despiertos y oren, para que no caigan en tentación. Ustedes tienen buena voluntad, pero son débiles.

Por segunda vez se fue, y oró así: "Padre mío, si no es posible evitar que yo sufra esta prueba, hágase tu voluntad." Cuando volvió, encontró otra vez dormidos a los discípulos, porque sus ojos se les cerraban de sueño. Los dejó y se fue a orar por tercera vez, repitiendo las mismas palabras. En esto se le apareció un ángel del cielo, para darle fuerzas. En medio de su gran sufrimiento, Jesús oraba más intensamente, y el sudor le caía a la tierra como grandes gotas de sangre.

Cuando se levantó de la oración, regresó a donde estaban los discípulos, y les dijo: -¿Siguen ustedes durmiendo y descansando? Ha llegado la hora en que el Hijo del hombre va a ser entregado en manos de los pecadores. Levántense, vámonos; ya se acerca el que me traiciona.

Notas explicativas
[1]Desde donde habían estado comiendo la Pascua.

Hágase tu voluntad

Para pensar

1. ¿De qué forma la oración de Jesús a su Padre celestial **muestra** que él era verdadero hombre?

2. ¿Qué pidió Jesús que hicieran sus discípulos? ¿Por qué no **pudieron** hacer lo que se les había pedido?

3. ¿Por qué aceptó voluntariamente someterse a la voluntad de Dios, aun cuando sabía que iba a sufrir mucho dolor?

Palabras para recordar

Él estaba cargado con nuestros sufrimientos, estaba soportando nuestros propios dolores. *Isaías 53.4*

Jesús es traicionado y arrestado

Mateo 26; Juan 18

Todavía estaba hablando Jesús, cuando Judas, uno de los doce discípulos, llegó acompañado de mucha gente armada con espadas y con palos. Iban de parte de los jefes de los sacerdotes y de los ancianos del pueblo. Judas, el traidor, les había dado una contraseña, diciéndoles: "Al que yo bese, ése es; arréstenlo."

Pero como Jesús ya sabía todo lo que le iba a pasar, salió y les preguntó: -¿A quién buscan? Ellos le contestaron: -A Jesús de Nazaret. Jesús dijo: -Yo soy.

Judas, el que lo estaba traicionando, se encontraba allí con ellos. Cuando Jesús les dijo: "Yo soy", se echaron hacia atrás y cayeron al suelo. Jesús volvió a preguntarles: -¿A quién buscan? Y ellos repitieron: -A Jesús de Nazaret. Jesús les dijo otra vez: -Ya les he dicho que soy yo. Si me buscan a mí, dejen que estos otros[1] se vayan.

Judas, acercándose a Jesús, dijo: -¡Buenas noches, Maestro! Y lo besó. Jesús le contestó: -Amigo, lo que has venido a hacer, hazlo. Entonces los otros se acercaron, echaron mano a Jesús y lo arrestaron.

En eso, uno de los que estaban con Jesús sacó su espada y le cortó una oreja al criado del sumo sacerdote. Jesús le dijo: -Guarda tu espada en su lugar. Porque todos los que pelean con la espada, también a espada morirán. ¿No sabes que yo podría rogarle a mi Padre, y él me mandaría ahora mismo más de doce ejércitos[2] de ángeles? Pero en ese caso, ¿cómo se cumplirían las Escrituras, que dicen que debe suceder así?

En seguida Jesús preguntó a la gente: -¿Por qué han venido ustedes con espadas y con palos a arrestarme, como si yo fuera un bandido? Todos los días he estado enseñando en el templo, y nunca me arrestaron. Pero todo esto sucede para que se cumpla lo que dijeron los profetas en las Escrituras.

En aquel momento, todos los discípulos dejaron solo a Jesús y huyeron.

Notas explicativas
[1] Los discípulos. [2] 72.000.

Amigo, lo que has venido a hacer, hazlo

Para pensar

1. ¿Por qué crees que Judas traicionó a Jesús?
2. ¿Por qué Jesús no le pidió al Padre que lo asistiera con ángeles?
3. ¿Cómo mostró Jesús su amor por el criado del sumo sacerdote?

Palabras para recordar

Aun mi mejor amigo, en quien yo confiaba, el que comía conmigo, se ha vuelto contra mí. *Salmo 41.9*

Jesús ante la Junta Suprema

Mateo 26; Juan 18

Los que habían arrestado a Jesús lo llevaron a la casa de Caifás, el sumo sacerdote, donde los maestros de la ley y los ancianos estaban reunidos. Pedro lo siguió de lejos hasta el patio de la casa del sumo sacerdote. Entró, y se quedó sentado con los guardianes del templo, para ver en qué terminaría todo aquello.

El sumo sacerdote[1] comenzó a preguntarle a Jesús acerca de sus discípulos y de lo que él enseñaba. Jesús le dijo: -Yo he hablado públicamente delante de todo el mundo; siempre he enseñado en las sinagogas y en el templo, donde se reúnen todos los judíos; así que no he dicho nada en secreto. ¿Por qué me preguntas a mí? Pregúntales a los que me han escuchado, y que ellos digan de qué les he hablado. Ellos saben lo que he dicho.

Cuando Jesús dijo esto, uno de los guardianes del templo le dio una bofetada, diciéndole: -¿Así contestas al sumo sacerdote? Jesús le respondió: -Si he dicho algo malo, dime en qué ha consistido; y si lo que he dicho está bien, ¿por qué me pegas?

Los jefes de los sacerdotes y toda la Junta Suprema[2] buscaban alguna prueba falsa para condenar a muerte a Jesús, pero no la encontraron, a pesar de que muchas personas se presentaron y lo acusaron falsamente. -En el nombre del Dios viviente te ordeno que digas la verdad. Dinos si tú eres el Mesías, el Hijo de Dios.

Jesús le contestó: -Tú lo has dicho. Y yo les digo también que ustedes van a ver al Hijo del hombre sentado a la derecha del Todopoderoso, y viniendo en las nubes del cielo. Entonces el sumo sacerdote se rasgó las ropas en señal de indignación, y dijo: -¡Las palabras de este hombre son una ofensa contra Dios! ¿Qué necesidad tenemos de más testigos? Ustedes han oído sus palabras ofensivas; ¿qué les parece? Ellos contestaron: -Es culpable, y debe morir.

Entonces le escupieron en la cara y lo golpearon. Otros le pegaron en la cara, diciéndole: -Tú que eres el Mesías, ¡adivina quién te pegó!

Notas explicativas

[1]Jesús fue llevado para ser interrogado ante Caifás y Anás. Anás era el suegro de Caifás, a quien muchos consideraban el verdadero sumo sacerdote. Este interrogatorio tiene lugar con Anás. Ver Juan 18.12-14, 19-24. [2]La Junta Suprema de la iglesia judía.

El sumo sacerdote interroga a Jesús

Para pensar

1. ¿Qué responde Jesús cuando le preguntan si él es el Cristo, el Hijo de Dios?

2. Jesús fue acusado de ofender a Dios. ¿Quién ofendió a Dios en realidad?

3. Si Cristo era el Hijo de Dios, ¿por qué soportó el abuso de mano de sus oponentes?

Palabras para recordar

Yo no me he resistido ni le he vuelto las espaldas. Ofrecí mis espaldas para que me azotaran y dejé que me arrancaran la barba. No retiré la cara a los que me insultaban y escupían. *Isaías 50.5-6*

Pedro niega conocer a Jesús. La muerte de Judas

Lucas 22; Mateo 26-27

Arrestaron entonces a Jesús y lo llevaron a la casa del sumo sacerdote. Pedro lo seguía de lejos. Allí, en medio del patio, habían hecho fuego, y se sentaron alrededor; y Pedro se sentó también entre ellos.

En esto, una sirvienta se le acercó y le dijo: -Tú también andabas con Jesús, el de Galilea. Pero Pedro lo negó delante de todos, diciendo: -No sé de qué estás hablando. Luego se fue a la puerta, donde otra lo vio y dijo a los demás: -Ese andaba con Jesús, el de Nazaret. De nuevo Pedro lo negó, jurando: -¡No conozco a ese hombre!

Poco después, los que estaban allí se acercaron a Pedro y le dijeron: -Seguro que tú también eres uno de ellos. Hasta en tu manera de hablar se te nota. Entonces él comenzó a jurar y perjurar, diciendo: -¡No conozco a ese hombre! En aquel mismo momento cantó un gallo, Pedro se acordó de que Jesús le había dicho: "Antes que cante el gallo, me negarás tres veces." Y salió Pedro de allí, y lloró amargamente.

Judas, el que había traicionado a Jesús, al ver que lo habían condenado, tuvo remordimientos y devolvió las treinta monedas de plata a los jefes de los sacerdotes y a los ancianos, diciéndoles: -He pecado entregando a la muerte a un hombre inocente. Pero ellos le contestaron: -¿Y eso qué nos importa a nosotros? ¡Eso es cosa tuya! Entonces Judas arrojó las monedas en el templo, y fue y se ahorcó.[1]

Notas explicativas
[1]El final de Judas se explica más en Hechos 1.18.

En medio del patio, habían hecho fuego, y se sentaron alrededor

Para pensar

1. Pedro siguió a Jesús hasta el patio de la casa del sumo sacerdote, pero negó que conocía a Jesús. ¿Por qué?

2. Tanto Judas como Pedro se arrepintieron por lo que hicieron. ¿En qué sentido el arrepentimiento de ambos fue diferente?

3. Por nuestra naturaleza pecaminosa también nosotros, al igual que Judas y Pedro, somos culpables de traicionar a Jesús. Judas perdió toda esperanza debido a su culpa. ¿Hay alguna razón para que nosotros perdamos la esperanza? ¿Por qué no?

Palabras para recordar

La tristeza que proviene de Dios produce el arrepentimiento que lleva a la salvación, de la cual no hay que arrepentirse, mientras que la tristeza del mundo produce la muerte. *2 Corintios 7.10 NVI*

Jesús ante Pilato

Mateo 27; Juan 18

Cuando amaneció, todos los jefes de los sacerdotes y los ancianos de los judíos se pusieron de acuerdo en un plan para matar a Jesús. Lo llevaron atado y se lo entregaron a Pilato, el gobernador romano. Pilato salió a hablarles. Les dijo: -¿De qué acusan a este hombre? Hemos encontrado a este hombre alborotando[1] a nuestra nación. Afirma que él es el Mesías, el Rey.

Pilato le preguntó: -¿Eres tú el Rey de los judíos? -Mi reino no es de este mundo, le dijo Jesús. Le preguntó entonces Pilato: -¿Así que tú eres rey? Jesús le contestó: -Tú lo has dicho: soy rey. Yo nací y vine al mundo para decir lo que es la verdad. Y todos los que pertenecen a la verdad, me escuchan.

Después de hacer esta pregunta, Pilato salió otra vez a hablar con los judíos, y les dijo: -Yo no encuentro ningún delito en este hombre.

Los soldados del gobernador llevaron a Jesús al palacio y reunieron toda la tropa alrededor de él. Le quitaron su ropa, lo vistieron con una capa roja y le pusieron en la cabeza una corona tejida de espinas y una vara en la mano derecha. Luego se arrodillaron delante de él, y burlándose le decían: -¡Viva el Rey de los judíos! También lo escupían, y con la misma vara le golpeaban la cabeza. Y le pegaban en la cara.

Pilato volvió a salir, y les dijo: -Miren, aquí lo traigo, para que se den cuenta de que no encuentro en él ningún delito. Salió, pues, Jesús, con la corona de espinas en la cabeza y vestido con aquella capa de color rojo oscuro. Pilato dijo: -¡Ahí tienen a este hombre! Cuando lo vieron los jefes de los sacerdotes y los guardianes del templo, comenzaron a gritar: -¡Crucifícalo! ¡Crucifícalo! Cuando Pilato vio que no conseguía nada, se lavó las manos delante de todos, diciendo: -yo no soy responsable de la muerte de este hombre. Toda la gente contestó: -¡Nosotros y nuestros hijos nos hacemos responsables de su muerte!

Notas explicativas

[1] Volvía a la gente en contra del gobierno.

¿Eres tú el Rey de los judíos?

Para pensar

1. Describe los sufrimientos de Jesús ante Poncio Pilato.

2. ¿Por qué sentenció Pilato a Jesús para ser crucificado aun cuando él sabía que Jesús era inocente?

3. La gente le dijo a Pilato: "¡Nosotros y nuestros hijos nos hacemos responsables de su muerte!" ¿En qué sentido somos nosotros responsables de la muerte de Jesús?

Palabras para recordar

Yo nací y vine al mundo para decir lo que es la verdad. Y todos los que pertenecen a la verdad me escuchan. *Juan 18.37*

Jesús es crucificado

Lucas 23; Juan 19

Jesús salió llevando su cruz,[1] para ir al llamado "Lugar de la Calavera" (que en hebreo se llama Gólgota). Allí lo crucificaron, y con él a otros dos, uno a cada lado, quedando Jesús en el medio. Jesús dijo: -Padre, perdónalos, porque no saben lo que hacen.

Junto a la cruz de Jesús estaban su madre, y la hermana de su madre, María, esposa de Cleofás, y María Magdalena. Cuando Jesús vio a su madre, y junto a ella al discípulo a quien él quería mucho,[2] dijo a su madre: -Mujer, ahí tienes a tu hijo. Luego le dijo al discípulo: -Ahí tienes a tu madre. Desde entonces, ese discípulo la recibió en su casa.

Y los soldados echaron suertes para repartirse entre sí la ropa de Jesús. La gente estaba allí mirando; y hasta las autoridades se burlaban de él, diciendo: -Salvó a otros; que se salve a sí mismo ahora, si de veras es el Mesías de Dios y su escogido.

Los soldados también se burlaban de Jesús. Se acercaban y le daban a beber vino agrio, diciéndole: -¡Si tú eres el Rey de los judíos, sálvate a ti mismo! Y había un letrero sobre su cabeza, que decía: "Este es el Rey de los judíos." Uno de los criminales que estaban colgados, lo insultaba: -¡Si tú eres el Mesías, sálvate a ti mismo y sálvanos también a nosotros! Pero el otro reprendió a su compañero, diciéndole: -¿No tienes temor de Dios, tú que estás bajo el mismo castigo? Nosotros estamos sufriendo con toda razón, porque estamos pagando el justo castigo de lo que hemos hecho; pero este hombre no hizo nada malo. Luego añadió: -Jesús, acuérdate de mí cuando comiences a reinar. Jesús le contestó: -Te aseguro que hoy estarás conmigo en el paraíso.

Desde el mediodía y hasta las tres de la tarde, toda la tierra quedó en oscuridad. El sol dejó de brillar, y el velo del templo se rasgó por la mitad. Jesús gritó con fuerza y dijo: -¡Padre, en tus manos encomiendo mi espíritu!

Notas explicativas

[1]En alguna parte del camino, Simón de Cirene cargó con la cruz de Jesús (ver Lucas 23.26), posiblemente porque Jesús estaba muy débil debido a los azotes.
[2]Juan.

Cargando su cruz, salió para el "Lugar de la Calavera"

Para pensar

1. ¿Qué aprendemos de Jesús por las palabras que él dijo desde la cruz?
2. ¿Qué milagros sucedieron para indicar la importancia de la muerte de Jesús?
3. ¿Qué significa para ti que Jesús muriera en una cruz tanto tiempo atrás?

Palabras para recordar

Fue traspasado a causa de nuestra rebeldía, fue atormentado a causa de nuestras maldades; el castigo que sufrió nos trajo la paz, por sus heridas alcanzamos la salud. *Isaías 53.5*

Muerte y sepultura de Jesús

Juan 19; Mateo 27

Después de esto, como Jesús sabía que ya todo se había cumplido, y para que se cumpliera la Escritura, dijo: -Tengo sed. Había allí un jarro lleno de vino agrio. Empaparon una esponja en el vino, la ataron a una rama de hisopo y se la acercaron a la boca. Jesús bebió el vino agrio, y dijo: -Todo está cumplido. Luego inclinó la cabeza y entregó el espíritu.

Era el día antes de la Pascua, y los judíos no querían que los cuerpos quedaran en las cruces durante el sábado, pues precisamente aquel sábado era muy solemne. Por eso le pidieron a Pilato que ordenara quebrar las piernas a los crucificados y que quitaran de allí los cuerpos.

Los soldados fueron entonces y le quebraron las piernas al primero, y también al otro que estaba crucificado junto a Jesús. Pero al acercarse a Jesús, vieron que ya estaba muerto. Por eso no le quebraron las piernas. Sin embargo, uno de los soldados le atravesó el costado con una lanza, y al momento salió sangre y agua.[1]

Después de esto, José, el de Arimatea, pidió permiso a Pilato para llevarse el cuerpo de Jesús. José era discípulo de Jesús, aunque en secreto por miedo a las autoridades judías.[2] Pilato le dio permiso, y José fue y se llevó el cuerpo. También Nicodemo[3] llegó con unos treinta kilos de un perfume, mezcla de mirra y áloe.[4] Así pues, José y Nicodemo tomaron el cuerpo de Jesús y lo envolvieron con vendas empapadas en aquel perfume. En el lugar donde crucificaron a Jesús había un huerto, y en el huerto un sepulcro nuevo donde todavía no habían puesto a nadie. Allí pusieron el cuerpo de Jesús.

Al día siguiente, los jefes de los sacerdotes y los fariseos fueron juntos a ver a Pilato, y le dijeron: -Señor, recordamos que aquel mentiroso, cuando aún vivía, dijo que después de tres días iba a resucitar. Por eso, mande usted asegurar el sepulcro hasta el tercer día, no sea que vengan sus discípulos y roben el cuerpo, y después digan a la gente que ha resucitado. Pilato les dijo: -Ahí tienen ustedes soldados de guardia. Fueron, pues, y aseguraron el sepulcro poniendo un sello sobre la piedra que lo tapaba; y dejaron allí los soldados de guardia.

Notas explicativas

[1]Como resultado de haber agujereado la membrana que recubre el corazón. [2]José de Arimatea era además un miembro de la Junta Suprema, pero no estuvo de acuerdo con la sentencia de muerte sobre Jesús. [3]Otro discípulo secreto de Jesús. [4]Perfume caro que se usaba para embalsamar.

Todo está cumplido

Para pensar

1. ¿Cómo se aseguraron los soldados que Jesús estaba verdaderamente muerto?

2. Describe el entierro de Jesús.

3. ¿Por qué era tan importante que Jesús muriera físicamente? (Ver: "Palabras para recordar").

Palabras para recordar

Sabemos que lo que antes éramos fue crucificado con Cristo, para que el poder de nuestra naturaleza pecadora quedara destruido y ya no siguiéramos siendo esclavos del pecado. Porque, cuando uno muerte, queda libre del pecado. *Romanos 6.6-7*

185

La resurrección de Cristo

Mateo 28; Marcos 16

Pasado el día de reposo, y el primer día de la semana, hubo un fuerte temblor de tierra, porque un ángel del Señor bajó del cielo, y acercándose al sepulcro, quitó la piedra que lo tapaba y se sentó sobre ella.

El ángel brillaba como un relámpago, y su ropa era blanca como la nieve. Al verlo, los soldados temblaron de miedo y quedaron como muertos.[1]

María Magdalena y la otra María fueron al sepulcro muy temprano, apenas salido el sol, diciéndose unas a otras: -¿Quién nos quitará la piedra de la entrada del sepulcro? Pero, al mirar, vieron que la piedra ya no estaba en su lugar. Esta piedra era muy grande.

Cuando entraron en el sepulcro vieron, sentado al lado derecho, a un joven vestido con una larga ropa blanca. Las mujeres se asustaron, pero él les dijo: -No se asusten. Ustedes buscan a Jesús de Nazaret, el que fue crucificado. Ha resucitado; no está aquí. Miren el lugar donde lo pusieron. Vayan y digan a sus discípulos, y a Pedro: 'Él va a Galilea para reunirlos de nuevo; allí lo verán, tal como les dijo.'

Entonces las mujeres salieron huyendo del sepulcro, pues estaban temblando, asustadas. Y no dijeron nada a nadie, porque tenían miedo.

Notas explicativas
[1]Cayeron inconscientes.

Ha resucitado

Para pensar

1. Piensa acerca de las acciones del ángel la mañana de la pascua.

2. ¿Cómo respondieron las mujeres al mensaje del ángel?

3. ¿Qué significa para nosotros hoy el mensaje del ángel?

Palabras para recordar

Según el Espíritu de santidad fue designado con poder Hijo de Dios por la resurrección. Él es Jesucristo, nuestro Señor. *Romanos 1.4 NVI*

Las primeras apariciones del Señor resucitado

Mateo 28; Juan 20

Las mujeres se fueron rápidamente del sepulcro. En eso, Jesús se presentó ante ellas y las saludó. Ellas se acercaron a Jesús y lo adoraron, abrazándole los pies, y él les dijo: -No tengan miedo. Vayan a decir a mis hermanos que se dirijan a Galilea, y que allá me verán.

Mientras iban las mujeres, algunos soldados de la guardia llegaron a la ciudad y contaron a los jefes de los sacerdotes todo lo que había pasado. Estos jefes fueron a hablar con los ancianos, para ponerse de acuerdo con ellos. Y dieron mucho dinero a los soldados, a quienes advirtieron: -Ustedes digan que durante la noche, mientras ustedes dormían, los discípulos de Jesús vinieron y robaron el cuerpo. Y si el gobernador se entera de esto, nosotros lo convenceremos, y a ustedes les evitaremos dificultades. Los soldados recibieron el dinero e hicieron lo que se les había dicho. Y esta es la explicación que hasta el día de hoy circula entre los judíos.

María[1] se quedó afuera, junto al sepulcro, llorando. Y llorando como estaba, se agachó para mirar dentro, y vio dos ángeles vestidos de blanco, sentados donde había estado el cuerpo de Jesús; uno a la cabecera y otro a los pies. Los ángeles le preguntaron: -Mujer, ¿por qué lloras? Ella les dijo: -Porque se han llevado a mi Señor, y no sé dónde lo han puesto. Apenas dijo esto, volvió la cara y vio allí a Jesús, pero no sabía que era él. Jesús le preguntó: -Mujer, ¿por qué lloras? ¿A quién buscas? Ella, pensando que era el que cuidaba el huerto, le dijo: -Señor, si usted se lo ha llevado, dígame dónde lo ha puesto, para que yo vaya a buscarlo.

Jesús entonces le dijo: -¡María! Ella se volvió y le dijo en hebreo: -¡Rabuni! (que quiere decir: "Maestro"). Jesús le dijo: -No me retengas, porque todavía no he ido a reunirme con mi Padre. Pero ve y di a mis hermanos que voy a reunirme con el que es mi Padre y Padre de ustedes, mi Dios y Dios de ustedes.

Entonces María Magdalena fue y contó a los discípulos que había visto al Señor, y también les contó lo que él le había dicho.

Notas explicativas
[1]María Magdalena.

¡María!...¡Rabuni!

Para pensar

1. Describe las primeras apariciones de Jesús.
2. ¿Cómo intentaron los líderes del pueblo "cubrir" las buenas noticias de la resurrección de Jesús?
3. ¿Por qué son tan importantes las apariciones de Jesús después de su resurrección?

Palabras para recordar

Si Cristo no resucitó, la fe de ustedes no vale para nada: todavía siguen en sus pecados. *1 Corintios 15.17*

Jesús se aparece a sus discípulos

Mateo 28; Juan 20

Al llegar la noche de aquel mismo día, el primero de la semana,[1] los discípulos se habían reunido con las puertas cerradas por miedo a las autoridades judías.

Jesús entró y, poniéndose en medio de los discípulos, los saludó diciendo: -¡Paz a ustedes! Dicho esto, les mostró las manos y el costado. Y ellos se alegraron de ver al Señor. Luego Jesús les dijo otra vez: -¡Paz a ustedes! Como el Padre me envió a mí, así yo los envío a ustedes. Y sopló sobre ellos, y les dijo: -Reciban el Espíritu Santo. A quienes ustedes perdonen los pecados, les quedarán perdonados; y a quienes no se los perdonen, les quedarán sin perdonar.

Así pues, los once discípulos se fueron a Galilea, al cerro que Jesús les había indicado. Y cuando vieron a Jesús, lo adoraron, aunque algunos dudaban. Jesús se acercó a ellos y les dijo: -Dios me ha dado toda autoridad en el cielo y en la tierra. Vayan, pues, a las gentes de todas las naciones, y háganlas mis discípulos; bautícenlas en el nombre del Padre, del Hijo y del Espíritu Santo, y enséñenles a obedecer todo lo que les he mandado a ustedes. Por mi parte, yo estaré con ustedes todos los días, hasta el fin del mundo.[2]

Notas explicativas

[1]Domingo de Pascua, el día que Cristo resucitó. [2]Esta es la gran comisión de Cristo a todos los cristianos para que proclamen el evangelio a toda la gente.

Jesús les dijo: ¡Paz a ustedes!

Para pensar

1. Dos veces Jesús les dice a sus discípulos: "Paz a ustedes". ¿Cómo se relaciona la paz con la resurrección de Jesús?

2. ¿Por qué le mostró Jesús a los discípulos sus manos y sus pies?

3. Jesús prometió a sus discípulos su poder y su presencia en la nueva vida que ellos iban a vivir para él. Describe las metas que Dios tiene para todos aquellos que aman y confían en Jesús, el Salvador resucitado.

Palabras para recordar

¡Dichosos los que creen sin haber visto! *Juan 20.29*

La ascensión[1]

Hechos 1

Jesús, antes de irse, por medio del Espíritu Santo dio instrucciones a los apóstoles que había escogido respecto a lo que debían hacer. Y después de muerto se les presentó en persona, dándoles así claras pruebas de que estaba vivo.

Durante cuarenta días se dejó ver de ellos y les estuvo hablando del reino de Dios.[2] Cuando todavía estaba con los apóstoles, Jesús les advirtió que no debían irse de Jerusalén. Les dijo: -Esperen a que se cumpla la promesa que mi Padre les hizo, de la cual yo les hablé. Es cierto que Juan bautizó con agua, pero dentro de pocos días ustedes serán bautizados con el Espíritu Santo.

Los que estaban reunidos con Jesús, le preguntaron: -Señor, ¿vas a restablecer en este momento el reino de Israel? Jesús les contestó: -No les corresponde a ustedes conocer el día o el momento que el Padre ha fijado con su propia autoridad; pero cuando el Espíritu Santo venga sobre ustedes, recibirán poder y saldrán a dar testimonio de mí, en Jerusalén, en toda la región de Judea y de Samaria, y hasta en las partes más lejanas de la tierra.

Dicho esto, mientras ellos lo estaban mirando, Jesús fue levantado, y una nube lo envolvió y no lo volvieron a ver. Y mientras miraban fijamente al cielo, viendo cómo Jesús se alejaba, dos hombres vestidos de blanco se aparecieron junto a ellos y les dijeron: -Galileos, ¿por qué se han quedado mirando al cielo? Este mismo Jesús que estuvo entre ustedes y que ha sido llevado al cielo, vendrá otra vez de la misma manera que lo han visto irse allá.[3]

Notas explicativas

[1]Jesús va al cielo. [2]Les enseñó muchas cosas que ellos necesitaban saber para llevar adelante la tarea que les dejaba. [3]Jesús volverá visiblemente el día del juicio final, así como ascendió visiblemente.

Jesús fue levantado

Para pensar

1. ¿Por qué les dijo Jesús a sus discípulos que esperaran en Jerusalén?
2. ¿Qué prometieron los ángeles a los discípulos después que Jesús ascendió a los cielos?
3. Aunque Jesús ascendió a los cielos, él no se ha ido de nosotros. Explica.

Palabras para recordar

Cada uno de nosotros ha recibido los dones que Cristo le ha querido dar. Por eso la Escritura dice: "Subió al cielo llevando consigo a los cuativos, y dio dones a los hombres." *Efesios 4.7-8*

193

El Espíritu Santo viene en Pentecostés

Hechos 2

Cuando llegó la fiesta de Pentecostés,[1] todos los creyentes se encontraban reunidos en un mismo lugar. De repente, un gran ruido que venía del cielo, como de un viento fuerte, resonó en toda la casa donde ellos estaban. Y se les aparecieron lenguas como de fuego que se repartieron, y sobre cada uno de ellos se asentó una. Y todos quedaron llenos del Espíritu Santo, y comenzaron a hablar en otras lenguas,[2] según el Espíritu hacía que hablaran. Vivían en Jerusalén judíos cumplidores de sus deberes religiosos, que habían venido de todas partes del mundo. La gente se reunió al oír aquel ruido,[3] y no sabía qué pensar, porque cada uno oía a los creyentes hablar en su propia lengua. Eran tales su sorpresa y su asombro, que decían: -¿Acaso no son galileos todos estos que están hablando? ¿Cómo es que los oímos hablar en nuestras propias lenguas? Pero algunos, burlándose, decían: -¡Es que están borrachos!

Entonces Pedro se puso de pie junto con los otros once apóstoles, y con voz fuerte dijo: "Escuchen, pues, israelitas, lo que voy a decir: Como ustedes saben muy bien, Dios demostró ante ustedes la autoridad de Jesús de Nazaret, haciendo por medio de él grandes milagros.[4] Y a ese hombre, que conforme a los planes y propósitos de Dios fue entregado, ustedes lo mataron, crucificándolo por medio de hombres malvados. Pero Dios lo resucitó, liberándolo de los dolores de la muerte, porque la muerte no podía tenerlo dominado. "Sepa todo el pueblo de Israel, con toda seguridad, que a este mismo Jesús a quien ustedes crucificaron, Dios lo ha hecho Señor y Mesías." Cuando los allí reunidos oyeron esto, se afligieron profundamente,[5] y preguntaron a Pedro y a los otros apóstoles: -Hermanos, ¿qué debemos hacer? Pedro les contestó: -Vuélvanse a Dios y bautícese cada uno en el nombre de Jesucristo, para que Dios les perdone sus pecados, y así él les dará el Espíritu Santo. Porque esta promesa es para ustedes y para sus hijos, y también para todos los que están lejos; es decir, para todos aquellos a quienes el Señor nuestro Dios quiera llamar.[6] Así pues, los que hicieron caso de su mensaje fueron bautizados; y aquel día se agregaron a los creyentes unas tres mil personas.

Notas explicativas

[1] Pentecostés significa cincuenta; se celebraba cincuenta días después de la Pascua. Ver Levítico 23. [2] Idiomas. [3] Del viento y de todo lo que se estaba hablando. [4] Las obras hechas por Jesús fueron señales de que él era el Mesías, el Salvador, bendecido por Dios. [5] Reconocieron que habían rechazado a Jesús como el enviado de Dios. [6] Gente de todos los tiempos y de todos los lugares.

Todos quedaron llenos del Espíritu Santo

Para pensar

1. ¿De qué formas se dio a conocer el Espíritu Santo en Pentecostés?
2. Describe el sermón de Pedro en Pentecostés y sus resultados.
3. ¿De qué formas viene y obra el Espíritu Santo hoy en el pueblo de Dios?

Palabras para recordar

Después de estas cosas derramaré mi espíritu sobre toda la humanidad. *Joel 2.28*

Un cojo es sanado

Hechos 3

Un día, Pedro y Juan fueron al templo para la oración de las tres de la tarde. Allí, en el templo, estaba un hombre paralítico de nacimiento, al cual llevaban todos los días y lo ponían junto a la puerta llamada la Hermosa, para que pidiera limosna a los que entraban. Cuando el paralítico vio a Pedro y a Juan, que estaban a punto de entrar en el templo, les pidió una limosna. Pedro le dijo: -Míranos.

El hombre puso atención, creyendo que le iban a dar algo. Pero Pedro le dijo: -No tengo plata ni oro, pero lo que tengo te doy: en el nombre de Jesucristo de Nazaret, levántate y anda. Dicho esto, Pedro lo tomó por la mano derecha y lo levantó, y en el acto cobraron fuerzas sus pies y sus tobillos. El paralítico se puso en pie de un salto y comenzó a andar; luego entró con ellos en el templo, por su propio pie, brincando y alabando a Dios. Todos los que lo vieron andar y alabar a Dios, se llenaron de asombro y de temor por lo que le había pasado. El paralítico que había sido sanado no soltaba a Pedro y a Juan. Toda la gente, admirada, corrió a la parte del templo que se llama Pórtico de Salomón, donde ellos estaban.

Pedro, al ver esto, les dijo: "¿Por qué se asombran ustedes, israelitas? ¿Por qué nos miran como si nosotros mismos hubiéramos sanado a este hombre y lo hubiéramos hecho andar por medio de algún poder nuestro o por nuestra piedad? El Dios de Abraham, de Isaac y de Jacob, ha dado el más alto honor a su siervo Jesús, a quien ustedes entregaron a las autoridades y a quien ustedes rechazaron, después que Pilato había decidido soltarlo. Y así mataron ustedes al que nos lleva a la vida. Pero Dios lo resucitó, y de esto nosotros somos testigos. Lo que ha hecho cobrar fuerzas a este hombre que ustedes ven y conocen, es la fe en el nombre de Jesús. Esa fe en Jesús es la que lo ha hecho sanar completamente, como todos ustedes pueden ver. Ya sé, hermanos, que cuando ustedes y sus jefes mataron a Jesús, lo hicieron sin saber en realidad lo que estaban haciendo. Pero Dios cumplió de este modo lo que antes había anunciado por medio de todos sus profetas: que su Mesías tenía que morir. Por eso, vuélvanse ustedes a Dios y conviértanse, para que él les borre sus pecados. Quizás entonces el Señor les mande tiempos de alivio.[1]

Notas explicativas
[1] Perdón.

Entró en el templo, por su propio pie, brincando y alabando a Dios

Para pensar

1. ¿A quién atribuyeron Pedro y Juan el milagro de la curación del cojo?
2. ¿Cómo usó Pedro la curación del cojo para hablar a otros de Jesús?
3. El cojo pidió limosna y en su lugar recibió sanidad. ¿De qué maneras inesperadas te ha bendecido Dios?

Palabras para recordar

Los curaré, les daré la salud y haré que con honra disfruten de paz y seguridad. *Jeremías 33.6*

197

Esteban

Hechos 6-7

Esteban,[1] lleno del poder y la bendición de Dios, hacía milagros y señales entre el pueblo. Algunos de la sinagoga llamada de los Esclavos Libertados,[2] comenzaron a discutir con Esteban; pero no podían hacerle frente, porque hablaba con la sabiduría que le daba el Espíritu Santo.

Pagaron entonces a unos para que afirmaran que lo habían oído decir palabras ofensivas contra Moisés y contra Dios. De este modo alborotaron al pueblo, a los ancianos y a los maestros de la ley; por lo cual atacaron a Esteban, lo apresaron y lo llevaron ante la Junta Suprema. Además buscaron testigos falsos, que dijeron: -Ese hombre no deja de hablar contra este santo templo y contra la ley. Le hemos oído decir que ese Jesús de Nazaret va a destruir el templo y que va a cambiar las costumbres[3] que nos dejó Moisés.

Las autoridades y todos los que estaban allí sentados, al mirar a Esteban, vieron que su cara era como la de un ángel. El sumo sacerdote le preguntó a Esteban si lo que decían de él era cierto, y él contestó: "Ustedes siempre han sido tercos,[4] y tienen oídos y corazón paganos. Siempre están en contra del Espíritu Santo. Son iguales que sus antepasados. ¿A cuál de los profetas no maltrataron[5] los antepasados de ustedes? Ellos mataron a quienes habían hablado de la venida de aquel que es justo, y ahora que este justo ya ha venido, ustedes lo traicionaron y lo mataron. Ustedes, que recibieron la ley por medio de ángeles, no la obedecen."

Cuando oyeron estas cosas, se enfurecieron y rechinaron los dientes[6] contra Esteban. Pero él, lleno del Espíritu Santo, miró al cielo y vio la gloria de Dios, y a Jesús de pie a la derecha de Dios. Entonces dijo: -¡Miren! Veo los cielos abiertos, y al Hijo del hombre a la derecha de Dios. Pero ellos se taparon los oídos, y dando fuertes gritos se lanzaron todos contra él. Lo sacaron de la ciudad y lo apedrearon; los que hacían de testigos contra él dejaron sus ropas al cuidado de un joven llamado Saulo. Mientras lo apedreaban, Esteban oró, diciendo: "Señor Jesús, recibe mi espíritu." Luego se puso de rodillas y gritó con voz fuerte: "¡Señor, no les tomes en cuenta este pecado!" Habiendo dicho esto, murió.

Notas explicativas

[1]Uno de los siete diáconos de la congregación de Jerusalén. [2]Gente que había sido liberada de la esclavitud. [3]Leyes. [4]Que no quieren arrepentirse. [5]Les hicieron la vida miserable, y hasta los mataron. [6]Porque estaban muy enojados.

¡Señor, no les tomes en cuenta este pecado!

Para pensar

1. ¿Por qué fue apedreado Esteban?
2. ¿Qué oró Esteban mientras sus enemigos lo mataban? ¿De quién siguió el ejemplo?
3. Describe la fortaleza de la fe de Esteban. ¿Cómo ayuda el Espíritu de Dios a aquellos que creen en Jesús cuando enfrentan oposición?

Palabras para recordar

"Estos son los que han pasado por la gran aflicción, los que han lavado sus ropas y las han blanqueado en la sangre del Cordero." *Apocalipsis 7.14*

Felipe y el etiope

Hechos 8

Después de esto, un ángel del Señor le dijo a Felipe: "Levántate y vete al sur, por el camino de Jerusalén a Gaza." Este camino pasa por el desierto.

Felipe se levantó y se fue; y en el camino se encontró con un hombre de Etiopía. Era un alto funcionario, tesorero de la reina de Etiopía, el cual había ido a Jerusalén a adorar a Dios.[1] Iba de regreso a su país, sentado en su carro y leyendo el libro del profeta Isaías.

El Espíritu le dijo a Felipe: "Ve y acércate a ese carro." Cuando Felipe se acercó, oyó que el etiope leía el libro de Isaías; entonces le preguntó: -¿Entiende usted lo que está leyendo? El etiope le contestó: -¿Cómo lo voy a entender, si no hay quien me lo explique? Y le pidió a Felipe que subiera y se sentara junto a él. La parte de la Escritura que estaba leyendo era esta: *"Fue llevado como una oveja al matadero; como un cordero que se queda callado delante de los que lo trasquilan, así tampoco abrió él la boca. Fue humillado, y no se le hizo justicia; ¿quién podrá hablar de su descendencia? Porque su vida fue arrancada de la tierra."* El funcionario etiope le preguntó a Felipe: -Dime, por favor, ¿de quién dice esto el profeta: de sí mismo o de algún otro? Entonces Felipe, tomando como punto de partida el lugar de la Escritura que el etiope leía, le anunció la buena noticia acerca de Jesús.

Más tarde, al pasar por un sitio donde había agua, el funcionario dijo: -Aquí hay agua; ¿hay algún inconveniente para que yo sea bautizado? Entonces mandó parar el carro; y los dos bajaron al agua, y Felipe lo bautizó.

Cuando subieron del agua, el Espíritu del Señor se llevó a Felipe, y el funcionario no lo volvió a ver; pero siguió su camino lleno de alegría. Felipe se encontró en Azoto, y pasó de pueblo en pueblo anunciando la buena noticia, hasta llegar a Cesarea.

Notas explicativas
[1]Quizás para una de las fiestas. [2]Isaías 53.7-8

Felipe le anunció la buena noticia acerca de Jesús

Para pensar

1. Cómo se encontró Felipe con el etiope?
2. Explica el significado del pasaje que el etiope estaba leyendo.
3. ¿Por qué pueden aquellos que conocen a Jesús como Salvador tener alegría?

Palabras para recordar

Hay un solo cuerpo y un solo Espíritu, así como también fueron llamados a una sola esperanza; un solo Señor, una sola fe, un solo bautismo. *Efesios 4.4-5*

La conversión de Saulo

Hechos 9

Saulo no dejaba de amenazar de muerte a los creyentes en el Señor. Por eso, se presentó al sumo sacerdote, y le pidió cartas de autorización para ir a las sinagogas de Damasco, a buscar a los que seguían el Nuevo Camino,[1] tanto hombres como mujeres, y llevarlos presos a Jerusalén.

Pero cuando ya se encontraba cerca de la ciudad de Damasco, una luz que venía del cielo brilló de repente a su alrededor. Saulo cayó al suelo, y oyó una voz que le decía: "Saulo, Saulo, ¿por qué me persigues?" Saulo preguntó: "¿Quién eres, Señor?" La voz le contestó: "Yo soy Jesús, el mismo a quien estás persiguiendo. Levántate y entra en la ciudad; allí te dirán lo que debes hacer." Los que viajaban con Saulo estaban muy asustados, porque habían oído la voz pero no habían visto a nadie. Luego, Saulo se levantó del suelo; pero cuando abrió los ojos, no podía ver. Así que lo tomaron de la mano y lo llevaron a Damasco. Allí estuvo tres días sin ver, y sin comer ni beber nada.

En Damasco vivía un creyente que se llamaba Ananías, a quien el Señor se le presentó en una visión y le dijo: "¡Ananías!" Él contestó: "Aquí estoy, Señor." El Señor le dijo: "Levántate y vete a la calle llamada Derecha, y en la casa de Judas pregunta por un hombre de Tarso que se llama Saulo. Está orando, porque he escogido a ese hombre para que hable de mí a la gente de otras naciones, y a sus reyes, y también a los israelitas. Ananías fue a la casa donde estaba Saulo. Al entrar, puso sus manos sobre él, y le dijo: -Hermano Saulo, el Señor Jesús, el que se te apareció en el camino por donde venías, me ha mandado para que recobres la vista y quedes lleno del Espíritu Santo. Al momento cayeron de los ojos de Saulo una especie de escamas, y recobró la vista. Entonces se levantó y fue bautizado. Luego Saulo comenzó a proclamar en las sinagogas que Jesús es el Hijo de Dios.

Al cabo de muchos días, los judíos se pusieron de acuerdo para matar a Saulo, pero él llegó a saberlo. Día y noche lo esperaban en las puertas de salida de la ciudad, para matarlo, pero sus discípulos lo pusieron en un gran canasto y lo bajaron de noche por la muralla que rodeaba la ciudad.

Así Saulo se quedó en Jerusalén, y andaba con ellos y hablaba del Señor con toda valentía.

Notas explicativas
[1]Los creyentes en Cristo.

Una luz que venía del cielo brilló de repente a su alrededor

Para pensar

1. Describe a Saulo antes y después de que Jesús lo reclamara como suyo.

2. Saulo estuvo ciego antes y después de que Jesús le hablara. ¿De qué manera somos igual que Saulo en su ceguera? ¿De qué manera estamos ahora capacitados para ver?

3. ¿Qué trabajo especial tenía Jesús para Saulo? ¿Qué trabajo especial tiene para ti?

Palabras para recordar

Con toda libertad anunciaba el reino de Dios, y enseñaba acerca del Señor Jesucristo. *Hechos 28.31*

Dios libra de la cárcel a Pedro

Hechos 12

Por aquel tiempo, el rey Herodes[1] comenzó a perseguir a algunos de la iglesia. Ordenó matar a filo de espada a Santiago, el hermano de Juan; y como vio que esto había agradado a los judíos, hizo arrestar también a Pedro.

Después de arrestarlo, Herodes metió a Pedro en la cárcel, así que Pedro estaba en la cárcel, bien vigilado, pero los de la iglesia seguían orando a Dios por él con mucho fervor. La misma noche anterior al día en que Herodes lo iba a presentar ante el pueblo, Pedro estaba durmiendo entre dos soldados, sujeto con dos cadenas, mientras otros soldados estaban en la puerta vigilando la cárcel.

De pronto se presentó un ángel del Señor, y la cárcel se llenó de luz. El ángel tocó a Pedro en el costado, lo despertó, y le dijo: "¡Levántate en seguida!" Al instante, las cadenas cayeron de las manos de Pedro, y el ángel le dijo: "Vístete y ponte las sandalias." Así lo hizo Pedro, y el ángel añadió: "Ponte tu capa y sígueme." Pedro salió tras el ángel, sin saber si era realidad o no lo que el ángel hacía. Más bien le parecía que estaba viendo una visión. Pero pasaron la primera guardia, luego la segunda, y cuando llegaron a la puerta de hierro que daba a la calle, la puerta se abrió por sí sola. Salieron, y después de haber caminado una calle, el ángel lo dejó solo.

Pedro comprendió entonces, y dijo: "Ahora veo que verdaderamente el Señor ha enviado a su ángel para librarme de Herodes y de todo lo que los judíos querían hacerme." Al darse cuenta de esto, Pedro se fue a casa de María, la madre de Juan, llamado también Marcos, donde muchas personas estaban reunidas en oración. Llamó a la puerta de la calle, y una muchacha llamada Rode salió a ver quién era. Al reconocer la voz de Pedro, fue tanta su alegría que, en vez de abrir, corrió adentro a avisar que Pedro estaba a la puerta. Le dijeron: -¡Estás loca! Pero ella aseguraba que era cierto. Ellos decían: -No es él; es su ángel. Mientras tanto, Pedro seguía llamando a la puerta. Y cuando abrieron y lo vieron, se asustaron. Pero él, con la mano, les hizo señas de que se callaran, y les contó cómo el Señor lo había sacado de la cárcel.

Notas explicativas

[1] Herodes Agripa I, rey de Judea (37-44 d.C.), nieto de Herodes el Grande.

Muchas personas estaban reunidas en oración

Para pensar

1. ¿Cómo reaccionaron los miembros de la iglesia después que Pedro fue arrestado?

2. ¿Por qué Rode no hizo entrar a Pedro a la casa?

3. ¿Por quién puedes orar hoy?

Palabras para recordar

No se aflijan por nada, sino preséntenselo todo a Dios en oración. *Filipenses 4.6*

El naufragio de Pablo

Hechos 27-28

Cuando decidieron mandarnos a Italia, Pablo y los otros presos fueron entregados a un capitán que se llamaba Julio. Nos embarcamos, pues, en un barco que estaba a punto de salir para los puertos de Asia.

Poco después un viento huracanado del nordeste azotó el barco, y comenzó a arrastrarlo. Al día siguiente, la tempestad era todavía fuerte, así que comenzaron a arrojar al mar la carga del barco; y al tercer día, con sus propias manos,[1] arrojaron también los aparejos del barco. Por muchos días no se dejaron ver ni el sol ni las estrellas, y con la gran tempestad que nos azotaba habíamos perdido ya toda esperanza de salvarnos.

Como habíamos pasado mucho tiempo sin comer, Pablo se levantó en medio de todos y dijo: -Señores, hubiera sido mejor hacerme caso y no salir de Creta; así habríamos evitado estos daños y perjuicios. Ahora, sin embargo, no se desanimen, porque ninguno de ustedes morirá, aunque el barco sí va a perderse. Pues anoche se me apareció un ángel, enviado por el Dios a quien pertenezco y sirvo, y me dijo: 'No tengas miedo, Pablo, porque tienes que presentarte ante el emperador romano, y por tu causa Dios va a librar de la muerte a todos los que están contigo en el barco.' Por tanto, señores, anímense, porque tengo confianza en Dios y estoy seguro de que las cosas sucederán como el ángel me dijo.

Cuando amaneció, los marineros no reconocieron la tierra, pero vieron una bahía que tenía playa; y decidieron tratar de arrimar el barco hacia allá. Los soldados quisieron matar a los presos, para no dejarlos escapar nadando. Pero el capitán de los soldados, que quería salvar a Pablo, no dejó que lo hicieran, sino que ordenó que quienes supieran nadar se echaran al agua primero para llegar a tierra, y que los demás siguieran sobre tablas o en pedazos del barco.

Así llegamos todos salvos a tierra. Cuando ya estuvimos todos a salvo, supimos que la isla se llamaba Malta.[2] Los nativos nos trataron muy bien a todos; y como estaba lloviendo y hacía frío, encendieron una gran fogata y nos invitaron a acercarnos. Nos llenaron de atenciones, y después, al embarcarnos de nuevo, nos dieron todo lo necesario para el viaje.

Notas explicativas

[1] Los pasajeros del barco. [2] Una pequeña isla al sur de Cicilia.

Llegamos todos salvos a tierra

Para pensar

1. Pablo fue arrestado y estaba siendo conducido a Roma para ser juzgado por su fe en Jesús. Piensa en la aventura con que se encontró en el camino.

2. ¿Por qué no estaba Pablo afligido a pesar de la tempestad que lo rodeaba?

3. ¿Por qué puedes tener ánimo cuando enfrentas tormentas y dificultades en tu vida?

Palabras para recordar

Cuando te llamé, me respondiste, y aumentaste mis fuerzas. *Salmo 138.3*